Rich致富 25

# 富爸爸，富小孩 (下)

*Rich Kid Smart Kid*

羅勃特．T．清崎
莎朗．L．萊希特
著

王麗潔
譯

世界圖書出版公司
高寶國際集團
合作出版

真正享受人生

# 富爸爸，富小孩（下）

***Rich Kid Smart Kid:***

*Giving Your Child A Financial Head Start*

作　　者：羅勃特・T・清崎、莎朗・L・萊希特
譯　　者：王麗潔
主　　編：張復先
校　　對：黃敏次、張復先
出 版 者：世界圖書出版公司(北京朝內大街137號)
英屬維京群島商高寶國際有限公司台灣分公司／致富館
地　　址：台北市內湖區新明路174巷15號10樓
E-mail：readers@sitak.com.tw（讀者服務部）
pr@sitak.com.tw（公關諮詢部）
電　　話：(02)27911197　27918621
電　　傳：出版部 (02)27955824 行銷部 27955825
網　　址：www.sitak.com.tw
郵政劃撥：19394552
戶　　名：英屬維京群島商高寶國際有限公司台灣分公司

行政院新聞局局版北市業字第1172號
2002年7月第1版第1刷


國家圖書館出版品預行編目資料

富爸爸，富小孩/羅勃特 .T .清崎（Robert.T. Kiyosaki），莎朗 .L .萊希特（Sharon L. Lechter）合著；王麗潔譯.— 第1版. — 臺北市 ： 高寶國際, 2002-[民91]
冊；公分. —(Rich致富館；25)
譯自：Rich Kid Smart Kid：Giving Your Child A Financial Head Start
ISBN 957-467-878-4 (下冊：平裝)

1.理財

563　　91007586

## 羅勃特·T·清崎

出生並長大於美國夏威夷，羅勃特・清崎算是第四代的日裔美國人。在紐約接受完大學教育後，他加入了美國海軍，並以軍官的身分參加越戰，擔任戰鬥直昇機的駕駛員。

戰後回到了美國，任職於全錄公司。一九七七年，他創立了個人的第一家公司，首度將尼龍布的皮包產品引進至市面上。一九八五年，他創立了一家國際教育機構，教導數千名的學生如何進行商業投資。

到了一九九四年，羅勃特・清崎將這家公司賣掉，並於四十七歲的年紀退休。在這段短暫的退休空檔中，他寫出了《富爸爸，窮爸爸》這本書，之後又寫了《富爸爸，有錢有理》以及《富爸爸，提早享受財富》這兩本書。上述這三本著作皆成為了華爾街日報、美國商業周刊、紐約時報、電子商務網站等多家媒體的暢銷好書榜上佳作。除此之外，羅勃特・清崎並將他那位富爸爸花費多年時間所教他的理財投資技巧，整合成一套現金流實際操作遊戲，讓更多人能夠在現金流遊戲中模擬各種投資策略。就是這套現金流遊戲中的投資策略指南，讓羅勃特・清崎能夠在四十七歲的年紀提早退休。

羅勃特・清崎常常聽到人們說：「好好去學校接受教育，然後努力工作來賺錢。」但是他寫這些書的主要目的卻是，正確導正人們該要如何讓錢來為他們工作……如此一來，人們便可以享受這個美好世界中的一切富裕生活了。

## 莎朗·L·萊希特

她是一位三個孩子的媽媽，具有合格會計師的資格，而且也擁有一家公司。過去她將畢生的精力奉獻在教育工作的領域中。莎朗・萊希特以優異的成績畢業於佛羅里達大學會計系，隨後進入了全美排行前八名的會計師事務所工作。之後她在電腦業、保險業、出版業以專業經理人的身份繼續發展，並發揮她會計師的專長。

當她的三位小孩長大後，她仍然很注重這三名小孩的教育。她以身體力行的方式到處演講，演說的領域包括數學、電腦、讀寫教育。

所以她後來很高興能夠加入推動第一套有聲書的問世發行，並幫助有聲書的發行市場達到數百萬美元的高銷售量。直到今日，莎朗・萊希特仍然持續在推動兒童教育新工具科技的的崗位上努力不懈。

「目前的教育體制已經無法跟上全球化的新科技變化腳步。我們必須教導孩子們新的技術，不論是在學校中或者是在理財的實務操作上。當孩子們在面對這個世界的時候，他們不僅可以應付一切考驗，也可以讓他們的生活更加美好。」

富爸爸，
富小孩

謹以此書
獻給全天下每一位家長和老師

在這世上
你們有一個最重要的工作
因爲我們的小孩是我們的未來

*This book*
*is dedicated to parents and teachers everywhere*

*You have the most important job in the world*
*Because our children are our future*

# 第九章　孩子們在玩耍中學習

一天，爸爸和我在看兩個小貓玩耍。牠們互相咬彼此的脖頸、耳朵、抓對方、叫喊，有時還踢對方。如果我不知道牠們是在玩，還會以為牠們在打架。

窮爸爸說：「小貓是在相互教授對方天賦的生存技能。如果我們把這些貓扔到野外，不餵牠們食物，牠們現在正學的這些生存技能會讓牠們在野外活下去。他們透過玩耍來學習和保留這些技能。人類也是按同樣的方式來學習的。」

## 現實世界中的財務生存技能

我曾遇到過最艱難的一件事是關掉自己的工廠並辭退三十五名忠實的員工。我曾在另一本書中寫過這段發生在七〇年代的個人艱難經歷。因為我無力與亞洲和墨西哥的廠家競爭，我不得不關掉我的工廠。我的勞動力成本和政府的稅收太高了。我沒有去和他們拚個你死我活，而是決定和競爭者合作，把工廠辦到海外。我成功了，但我的員工卻受到了損失。當人們問我為什麼我會寫關於金錢的文章，而事實上我無需如此去做時，我常常會想起與我的員工們說「再見」的那一天，這就是所有的原因。

關閉工廠時，我付給每個工人每小時不到三‧五美元。今天，二十年過去了，當年的這些工人現在每小時的最低工資大約為五美元多一點。即使他們的工資還會有所增加，但我不認為這種增加能對他們有什麼幫助。他們擁有的唯一生存技能就是從一個工作到另一個工作，拚命工作，試圖多賺些錢。正如富爸爸教我的話：「金錢本身不能讓你富有，這就像安全、有保障的工作不一定能讓你感到安全和有保障一樣。」

為了財務上的生存和感到財務安全，人們需要在進入現實世界之前，培養財務生存技能。如果他們在進入現實世界之前沒有掌握這些技能，現實世界會有另外一些金錢課等著你的孩子去上。

今天，在學校系統內已可以看到這一幕。年輕人不僅帶著信用卡債務離開學校，許多人還背負著學校的貸款離開學校。盡可能早早地教你的孩子如何進行金錢管理非常重要。教授他們的最好方式是與孩子們一同玩耍，因為玩耍是上帝和大自然賦予年輕生命的學習方式——即使是小貓們也是如此。

## 讓教你孩子致富的過程充滿樂趣

我能從富爸爸那裡學到如此多有關金錢的知識，是因為他使學習的過程充滿樂趣。他總是玩遊戲，並不試圖對我進行「填鴨式」教育，把知識硬塞給我。如果我不想學某樣東西，他會讓我去做我有興趣學習的東西；或者他會努力教得更有趣些。他總是讓現實世界的事物具體化，使我可以用身體去看、摸和感覺。最為重要的是，他從不會傷害我的精神，而總是鼓勵我在精神上強大起來而不是變弱。當我犯錯誤時，他鼓勵我去汲取教訓而不是給我「正確」答案。他耐心且充滿愛意地教我，他盡力挖掘我身上的聰明孩子天份，而不是把我看成是無能的、反應遲鈍的孩子或者給我貼上「學習殘疾」的標記，因為我總得花稍長一點的時間去能理解一些事情。他按我的學習時間表和我對學習的願望來教我，而且不需我透過考試。他並不像許多家長那樣，擔心我在成績上競爭不過其他孩子。聰明爸爸也是按大致相同的方法在教我。

## 教師們需要幫助

現行教育體制並不允許教師們按這種方式教學，也不允許教師們有足夠的時間給每一個孩子必要的關心。這個體制只讓教師們按照大規模生產計劃來造就孩子。學校系統就是按照工廠的生產計劃，而不是孩子們的學習計劃來運轉的工廠。

許多教師試圖改變這個系統，但如我所說，教育體制就像是被設計成了僅是為了生存而不能改變的鱷魚。這就是為什麼父母和孩子的家庭作業非常重要的原因，其重要程度遠甚於你的孩子帶回家中的學校作業。

我曾聽一位明星大學的教授說：「到了九歲，我們就能知道一個孩子能否在我們的學校系統裡順利學習。我們會知道這個孩子是否擁有我們需要的素質，以及是否能很聰明地應對這一系統的苛刻。不幸的是，我們還不能向不適合該系統的孩子們，提供另一種可供選擇的系統。」

在我小的時候，我們家總會來很多教育界的人士。他們都是很好的人。當我到富爸爸家時，他們家則擠滿了商界的人，他們也都是很好的人。但我知道，他們並不是相同的人。

## 給自己啟蒙

隨著我長大，許多人問我是否會延續父親的足跡，也成為一名教師。我記得當時我說：「才不呢！我要進入商界。」很多年後，我發現我實際上深愛教書這一行。一九八五年，我開始教企業家們商業和投資課，並深深喜愛這一工作。我喜歡教課，是因為我在按我能學得最好的方式去教人們怎樣學習。我透過做遊戲、合作競爭、分組討論和獲取教訓能學得最好。我從不懲罰犯錯，而是鼓勵出錯。我不是讓學生獨立參加考試，而是讓參與者按小組組隊來參加考試。我的教室不是靜悄悄的，而是充滿了討論聲和搖滾背景音樂。換句話說，我上課的方法是行動第一、出錯第二、汲取教訓第三、大笑第四。

也就是說，我採用了與學校系統完全相反的教學方式。我教課的方式基本上是兩個爸爸在家裡教我的方式。我發現許多人更喜歡這種學習方式，而我作為教師也從中賺了一大筆錢。因為通常，每個學生我會收上千美元。我應用兩個爸爸的教學方式和富爸爸關於金錢和投資的課程，我發現我進入了我發誓永不介入的職業中。我或許已成為專業教育者，但我盡量引導人們按我的方式去學。如他們的行話所說：「找對位置鑽進去。」我找到了一個極好的位置，在這兒有一大群喜歡充滿樂趣和激情地接受教育的人們。

在八〇年代中期建立這個教育公司時，我的妻子金和我急於尋找喜歡按這種方式教課的老師。我們的首要條件是這位老師在現實世界中非常成功且熱愛教學工作。但這樣的人太難找了，現實世界中，有許多人熱愛教學，但他們中許多人在商業、金錢和投資領域裡並不成功。還有一些人對金錢和商業很精通，但卻不是好老師，關鍵是要找到兩者兼備的人。

## 學生的天才

我曾有幸跟隨R・巴克明斯特・富勒博士學習。他常被稱作是歷史上最有成就的美國人，因為沒人比他的發明專利更多了。他也常被稱為「我們星球上的友善天才」。美國建築學院認為他是個偉大的建築家，雖然他並不是個建築師。哈佛大學把他看作該校最著名的畢業生之一，而富勒卻並未從哈佛畢業。他曾兩度被開除，並未完成在那兒的學業。在我跟著他學習的某一天，富勒說：「如果老師知道自己在說什麼，學生就會成為天才。」我們的工作不是找個老師，而是尋找知道自己在說什麼的人並鼓勵他們去教授學生。

## 透過教課而變得聰明

我從授課中所獲的收益遠不止教授的快樂和賺了一大筆錢，我發現透過教課我也學了很多東西。當我上課時，我必須使自己全身心投入以發現班上學生需要學習的課程。透過和參與者的交流以及分享我們個人的看法和發現，我也學到了很多東西。

有鑑於此，我建議父母們花些時間來教自己的孩子，父母也將從中受益匪淺。如果父母希望改變他或她自己的財務狀況，一種方法就是尋找新的財務觀念並將它們傳給自己的孩子。請在傳授你的孩子舊的金錢觀念之前，尋找新的財務觀念。許多人有財務問題是因為他們接受了父母的舊的金錢觀念，然後他們又把同樣的金錢觀念傳給孩子。這也許可以解釋為什麼窮人總是很窮，而中產階級一旦從學校畢業後辛勤工作，仍深陷債務之中。他們在做從父母那兒學到的事情。

因此，最好的學習方法之一就是教授你想學的東西給別人。就像星期日學校那樣，「給予，你就會收穫。」你投資在教授孩子金錢課上的時間愈多，你就會變得愈聰明。

## 學習三步曲

富爸爸教會我學習金錢的三步曲：

第一步：簡單的圖表。我的教育從強調理解定義的幾張簡單圖表開始。

第二步：玩。如我所說，透過動手我能學得最好，所以許多年來，富爸爸總讓我們填遊戲財務報表。有時，當我們玩「大富翁」遊戲時，他會讓我們把四棟綠房子和一家紅旅館放進我們的財務報表裡。

| 收入 |
| --- |
| 支出 |

| 資產 | 負債 |
| --- | --- |

第三步：現實生活。現實生活從我和邁克十五歲時開始。當時我們不得不填寫財務報表並把它們交給富爸爸。就像所有的好老師一樣，他會給我們評分，告訴我們哪裡做得好、哪裡需要改進。幾乎四十年了，在現實生活中，我一直繼續我的教育和填寫財務報表。

## 如何開始教授你的孩子金錢知識

我建議多數家長從第二步開始。雖然富爸爸是從第一步——簡單地畫圖開始，我卻是很謹慎地對孩子談起這些抽象的詞語，如損益表、資產負債表。當我對一些成年人講這些圖時，他們的眼睛都睜大了。事實上，我不會講第一步，除非我確信孩子們感興趣或願意去學這些概念。我之所以按上述三步學習，是因為我好奇，所以富爸爸選擇了這個步驟。

我常常建議從「大富翁」遊戲開始，我還注意到一些孩子是真正喜歡這個遊戲，另一些孩子也玩這個遊戲但並不是真的感興趣。我的許多身為投資家和企業家的朋友告訴我他們也花幾小時玩「大富翁」遊戲並為它癡迷。沒有這份癡迷，我不會強迫年輕人去接受有關金錢、投資和財務報表的課程的。

## 孩子們的現金流

一九九六年，在我發明了教授成年人學習財務報表原理的紙板遊戲——「現金流」（成人版）後，市場反映表明需要為孩子們設計類似的遊戲。一九九九年末，給孩子的「現金流」（兒童版）遊戲問世。我們的紙板遊戲是唯一教授孩子們財務報表基礎知識和現金流管理的遊戲。

## 在學校裡使用

在印第安那州印第安那波利斯城，有一位非常具有改革精神的老師戴維•斯蒂芬斯，開始在他的高中班使用「現金流」（成人版）遊戲並取得了巨大的成功。他發現遊戲確實改變了許多學生的生活態度。戴維特別談到一位學生差點兒因學習成績差和不愛上課要退學了，但在玩過「現金流」遊戲後有了巨大的轉變。這位學生這樣說到：

「我退出小團體的不良活動，例如吸大麻、酗酒等，變成一名目標明確、意志堅決的高中生。我有信心有一天成為創造這一遊戲的成功人士，我從玩這一遊戲中受益匪淺。我不太記得以前的日子，只記得去玩『現金流』遊戲。這真是個神奇的遊戲，它用簡單和天才的觀念，傳授給我賺錢的概念，並把我帶入此刻我還未知的現實生活中。在這點上，沒有任何東西像這個遊戲那樣為我開啟了這樣一扇門。它給了我上學並渴望參與其中的理由。因為玩這個遊戲，我進了學生會，並在那兒教給初中生『現金流』中闡述的觀念。我現在還是馬里恩青年會的主席，在金融學會中擔當領導職位。在州DECA競賽中，我榮獲第一名並參加了全國比賽。我還在學校成立日語BPA俱樂部。最近，與其他投資者一起，我們正忙於在我們社區建立『東部』社區中心。正如你看到的那樣，遊戲給了我走向成功的新希望。同時，我的成績、態度和生活方式也有了巨大改變。展望未來，我渴望學習並去教授所有想學習我所知道的知識的人。有時，你轉動骰子，事情就完全不同了。」

「在此，我對清崎先生致以深深的謝意和真誠的讚美。總有一天，你們會看到你們工作的結果，我希望我是第一批證明你的方法有用、有效的人之一。這有點陳腔濫調，但它精確地總結了我的經歷：『林中分兩路，我走了罕有人至的一條，於是一切都從此改變。』」

對這個學生，我所有的回覆是：「哇，好棒的年輕人！」這件事給了我極大的光榮，使我知道我們的產品在幫助年輕人矯正生活方向上，發揮了十分積極的作用。

戴維・斯蒂芬斯的支援並不僅限於此。當他聽說專門發明了給孩子的「現金流」（兒童版）遊戲時，他又想到了另一個改革點子。他讓一組已很熟悉「現金流」（成人版）遊戲的高中生們，年齡從十六～十八歲不等，去小學教七～九歲的孩子玩「現金流」（兒童版）遊戲。其效果非常好。

首先，小學校的老師很高興能有大約八個高中生在整個下午幫助他。每個高中生和四個小學生一起玩「現金流」（兒童版）遊戲。現在不再是一個老師帶三十個學生，而是一個「老師」帶四個學生。結果當然很好。小學生玩得很高興，高中生們也一樣開心。學習的過程變得更加個性化和具體化。在較短的時間裡，高中生和小學生都學到了很多東西。

老師們也很高興有這樣一種活潑的學習方式。教室內不再是沉悶的講課聲和喧囂的雜音，代之以歡快的聲音和集中精力的學習。遊戲結束後，孩子們會大聲地說：「啊哈，讓我們再玩一次。」

## 額外的收益

還有些我沒計算在內的事，即額外的收穫。當高中生要離開時，許多小孩子跑過來，或攔住他們的新老師，或抓住他們的手。這些小學校的孩子們有了新的榜樣。今天當更多的問題學生出現在大庭廣眾之下並引起人們注意時，戴維・斯蒂芬斯的學生們卻衣冠整潔、溫文爾雅、聰明且專注於自己的教育和未來。

當高中生對小學生們說「再見」時，我能感覺到這些小孩子們非常崇拜他們的新老師。他們可能在心裡對自己說，我想和他們一樣。當我看著小學生們揮手再見時，我想起了幼年時的我，並記起了曾影響過我的當年才十幾歲的少年們。在這兩個小時內，小學校的孩子們有機會與非常正面的榜樣進行了交流，而不是與他們在校外遇到的問題學生交流。

## 高中生的看法

當我問高中生們，從這樣的體驗中他們的收穫是什麼時，他們的看法如下：

- 我真的發現我喜歡教課，現在我在考慮把教學作為我的職業。
- 透過教小孩子們，我也學到了很多知識。當我必須教別人時，我學得更多。
- 我真驚訝孩子們學得那麼快。
- 回家後，我會改變對弟妹的態度。

我分享他們的看法，同時也吃驚地發現高中生們竟會如此成熟。

## 在我們網站上的課程表

戴維・斯蒂芬斯是由國家學術基金會贊助的一所學校的校長。他還幫助我們設計了一張課程表，便於老師在課堂上教授「現金流」（成人版）遊戲時使用。

## 第二步的總結

第二步的關鍵是要在金錢、金錢管理和財務報表的學習過程中玩耍，充滿樂趣，並開始點燃學習興趣。看一下圖中的學習金字塔，你會明白如何讓學習更有效果。

**學習金字塔**

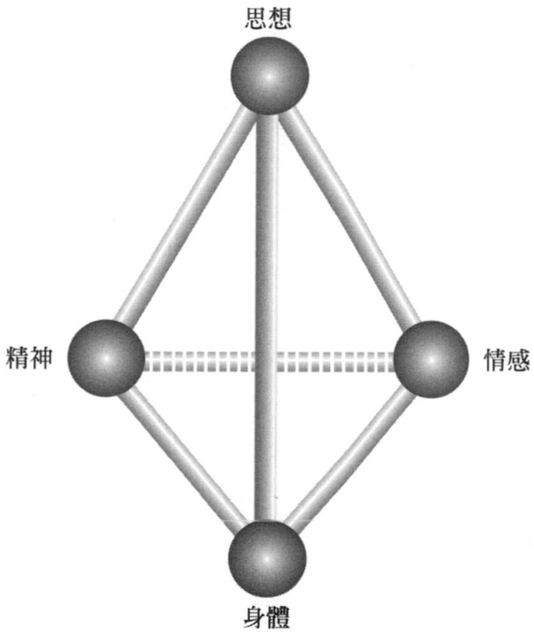

學習金字塔因為遊戲是直觀教育工具，它涉及到了學習金字塔中的四個點。遊戲使感性學習者一樣能按照擅長智力或抽象學習的孩子們的方式來學習。它讓人盡情投入，因為遊戲有趣且令人興奮。

遊戲中用的是假錢而不是真錢，所以出錯也不至於太令人痛苦。許多成年人離開學校時害怕犯錯誤，尤其怕犯財務錯誤。遊戲卻讓各個年齡段的孩子都犯財務錯誤，並且從中學到了財務知識而又不能免卻賠錢的痛苦。假如你贊同魯道夫‧斯坦納的關於九歲時的變化的觀點，那麼一個知道自己擁有財務生存技能的孩子會更加自信，而且將很少有靠職業保障來實現財務安全的想法。將來孩子們還有可能在成年後不致於深陷消費者債務之中。更為重要的是，學習如何管理金錢並瞭解財務報表是如何工作的，會在孩子們面對現實世界時，增加更多的自信。

## 遊戲已經使用了幾個世紀

今天，在商店內能買到的大多數遊戲是娛樂性遊戲。而幾個世紀以來，遊戲卻都是用於教育。王室用國際象棋來培養孩子們的戰略思維。這種遊戲常用於幫助男孩們做帶領軍隊打仗的準備。十五子棋也用於培養戰略思維。我曾從書中讀到，王室認識到了訓練身體和思維的必要性，而遊戲正是他們訓練思維的方法，他們想讓後代去思考而不是死記答案。今天，我們當然不需要訓練孩子去打仗，但涉及到金錢，我們的確需要教孩子從戰略角度思考。國際象棋遊戲和現金流遊戲的相似之處在於它們都是沒有答案的遊戲，都是使你從戰略角度思考並為未來做計劃的遊戲。你每玩一次，結果就不一樣。每一次改動或變化，你的短期策略也要隨之改變，以保證長遠計劃的有效性。

## 遊戲幫助你的孩子看到未來

一天當我玩「大富翁」遊戲時，富爸爸說了一段我終生難忘的、有趣的話。他一邊指著遊戲版一邊說：「你認為把遊戲版這邊的財產全買下，並在上面放入紅旅館，需要花多長時間？」

邁克和我聳了聳肩，我們並不知道他指的是什麼：「你是指在遊戲中嗎？」

「不，不，」富爸爸說，「我是指在現實生活中，現在我們已玩了快兩個小時了，我已占據了紙版這一邊所有的財產，並在上面放入了紅旅館。我的問題是，你們在現實生活中做到這一切要花多長時間？」

邁克和我又聳了聳肩。十一歲那年，我們對在現實生活中完成一件事要花多長時間還沒什麼經驗。我們倆看了看遊戲版上富爸爸的這一邊，上面立著六座紅旅館。我們知道每次當我們靠近這一邊時，我們常常是依靠他的財產並付掉了許多錢。「我不知道。」邁克最後說。

「我想應該要二十年。」富爸爸說。

「二十年！」邁克和我驚叫起來。對兩個僅十幾歲的孩子來說，二十年太不可思議了。

「歲月如梭，」富爸爸準備開講下一課了，「許多人讓歲月流失，卻從未開始過。突然間他們會發現自己已年過四十，通常是深陷債務之中，而且孩子還要上大學。他們把一生中的大部分光陰都用於為錢辛苦地工作，而後陷入債務之中，為支付賬單窮其一生。」

「二十年。」我重複道。

富爸爸點了點頭，等著我們消化這句話。最後他說：「你們的未來從今天開始。」他看著我又說道：「如果你想按你爸爸的路走，即拚命工作只為支付賬單，現在你就能看到二十年後的你，即今天的他。」

「但是要二十年，」我抱怨道：「我想快點變富。」

「大多數人都想，」富爸爸說，「問題是大多數人都在按部就班地走老路，即上學、找工作。這成了他們的未來。大多數人工作了二十年，可是辛苦之後卻仍沒留住什麼。」

「那麼，二十年中我們要一直玩這個遊戲。」邁克說。

富爸爸點了點頭，「孩子們，這是你們的選擇。它也許僅僅是個兩小時的遊戲，但它的確有可能是你們今後二十年內的生活。」

「我們的未來從今天開始。」我看著富爸爸的六座紅旅館，靜靜地說。

富爸爸又點了點頭說：「它僅僅只是個遊戲呢，還是代表了你們的未來？」

## 五年的延誤

在《富爸爸，提早享受財富》一書中，我提到在一九七四年，我從越南回來並從海軍陸戰隊退役後，才開始了我的致富計劃。我原打算一九六九年從大學畢業後就開始我的二十年長遠計劃，但越戰使我在現實生活中玩遊戲的計劃延遲了五年。一九九四年，正好在我開始玩遊戲的二十年後，我和妻子購買了我們最大的「紅旅館」之一並退休了。那年我四十七歲，而她三十七歲。「大富翁」遊戲讓我看見了未來，它把二十年的教育壓縮在了兩小時內。

## 我的優勢

我相信我比其他也玩「大富翁」遊戲的孩子們有優勢，因為我懂損益表和資產負債表，即財務報表。

我知道資產和負債、企業、股票和債券的不同。一九九六年，我創造了「現金流」遊戲，用它連接「大富翁」遊戲和現實世界。如果你和你的孩子喜歡「大富翁」遊戲，且對建立企業、投資等感興趣，我的遊戲將成為你們教育過程中的下一步。我的教育性的遊戲可能有點難，需要花較長的時間來學習和掌握。但一旦你學會了他們，你就能在幾個小時裡看到你的未來。

## 你的財務報表就是你在現實生活裡的成績單

富爸爸常說：「我的銀行家從不向我索取成績單。」他還說：「人們在財務問題中掙扎的原因之一是他們在離開學校時，還不知道財務報表為何物。」

## 財務報表是財富的基礎

創造和留住鉅額財富的基礎是財務報表。無論你知不知道，你都有一份財務報表。企業有財務報表，一幢房地產有財務報表。在你買一家公司的股票前，會有人建議你先看一下該公司的財務報表。財務報表是處理金錢事務的基礎。不幸的是，大多數人離開學校時還不知道財務報表為何物。這就是為什麼對大多數人來說，「大富翁」遊戲只是一個遊戲的原因。

我發明「現金流」遊戲是為了教有興趣的人瞭解財務報表是什麼，怎麼使用，怎樣在享受樂趣的同時控制他們的未來。我的遊戲是建築在「大富翁」遊戲和現實世界間的橋梁。

你會注意到兩個遊戲中都有財務報表，只不過其中一個更適合孩子們的思維。

## 結論

第二步是更重要的學習部分。寓學於樂非常重要。充滿樂趣地學習總比帶著賠錢的恐懼去學習要好。

涉及到金錢，我總聽一些父母用恐懼和反感的態度提及，而不是愉快和興奮。當今，家裡的主要爭吵內容就是關於錢的事情。孩子在其中也染上了對金錢的恐懼和不滿。在許多家庭中，孩子學的是錢很稀有的，很難賺到，所以你必須努力工作。我和父母待在家裡時，也常聽他們這麼說。但和富爸爸在一起，學到的卻是賺錢就是一種遊戲，遊戲中樂趣無窮。我選擇了在生活中以賺錢為遊戲，並樂在其中。

下一章中，我會重複第三步，其中包含了更多的現實生活，或者是我所說的更多的真錢。你可以用它來幫助訓練你的孩子，為進入現實世界做好準備。

# 第十章　為什麼儲蓄者總是損失者？

有個朋友最近向我徵求財務建議，我問她出了什麼問題，她回答說：「我有很多錢，但我害怕投資。」她一生努力工作並存了二十五萬美元。

當我問她為什麼害怕投資時，她答道：「因為我害怕失去它。」她繼續說：「這是我千辛萬苦賺來的錢，是我工作了很多年才存下來的。現在我要退休了，我知道靠它來度過餘生是不夠的，我也知道應該去投資以獲得良好回報。可假如在我這個年紀一旦失去它，我就不可能再工作去賺回來了。我已老了。」

## 過時的賺錢配方

前幾天我看電視時，看到一位兒童心理學專家在節目中作金錢廣告。他說：「教你的孩子去儲蓄非常重要。」隨後的採訪中，夾雜著一些陳腔濫調，如「盡可能提早養成好的儲蓄習慣」、如「存一美分就相當於賺了一美分」和「存錢是為了未雨綢繆」等。

我的媽媽常對她的四個孩子說：「既不要欠債，也不要借別人錢。」爸爸常說：「我希望你們的媽媽停止從貸款人那裡借錢，這樣我們就可以拿出些錢來用於儲蓄。」

我聽許多家長對他們的孩子說：「上學，取得好成績，找份好工作，買房子並存錢。」

在工業時代，這是份很好的賺錢配方。但在資訊時代，這個建議可能就是失敗配方。為什麼？只因為你的孩子在資訊時代裡需要更錯綜複雜的財務資訊，其複雜程度遠超過把錢存在銀行裡或退休金儲蓄賬戶裡。

## 富爸爸的儲蓄課程

富爸爸會說：「儲蓄者總是損失者。」這並不是說他反對儲蓄。他之所以說「儲蓄者總是損失者」，是因為他希望邁克和我不僅僅是儲蓄者。在《富爸爸，窮爸爸》一書中，富爸爸的第一課是「富人不為錢工作」。他希望邁克和我不要為錢工作，而是讓錢為我們工作。

雖然儲蓄也是一種讓錢為我們工作的形式，但在他的意識中，簡單地存錢並試圖依賴利息生活是損失者的遊戲。他可以證明這一點。

雖然這一點在前幾章中已提到過，但有必要再重複一遍。它說明了為什麼富爸爸要說「儲蓄者總是損失者」。它還可用於說明為什麼教你的孩子在早年懂得財務報表是如此重要。

## 我愛我的銀行家

首先，我愛我的銀行家。這麼說是因為讀過前幾節的人會以為我反對銀行和銀行家。這有些離譜，事實是我愛我的銀行家，因為他們是我的金錢夥伴並幫助我致富。我喜歡的是幫助我致富的人。我反對的是財務無知，正是這種財務無知導致許多人把銀行家變成了使他們更窮的夥伴。

當銀行家對你說你的房子是資產時，問題是，你的銀行家是否在撒謊或沒告訴你真話？答案是，銀行家告訴你的是真話。他並沒有說你的房子是誰的資產。實際上，你的房子是銀行的資產。如果你讀一份財務報表，就更容易理解這段話的真正涵義了。

下頁上有一張圖，有助於說明為什麼大多數人的房子是銀行的資產。

**為何儲蓄者總是損失者**

當你穿過小城，到銀行去看你的財務報表時，你會看到並明白財務報表到底是怎樣工作的。你的銀行的財務報表：

| 收入 |
| --- |
| 支出 |

| 資產 | 負債 |
| --- | --- |
| 你的分期付款 | |

銀行

透過看你的銀行財務報表，你很快會注意到列在你的負債項下的抵押貸款，卻列在了銀行的資產項下。透過這一點，你會開始明白財務報表是如何工作的。

## 現金流的完整迴圈圖

當人們告訴我這什麼也證明不了，並堅持他們的房子就是資產時，我作了現金流——企業和投資中最重要的辭彙的石蕊試驗（即試金石，立見分曉的檢驗辦法）。根據定義，如果錢流進了你的口袋中，你就有了資產；如果錢從你的口袋中流出去，你有的就是負債。

請看現金流的完整迴圈。簡明的圖表勝過千言萬語。

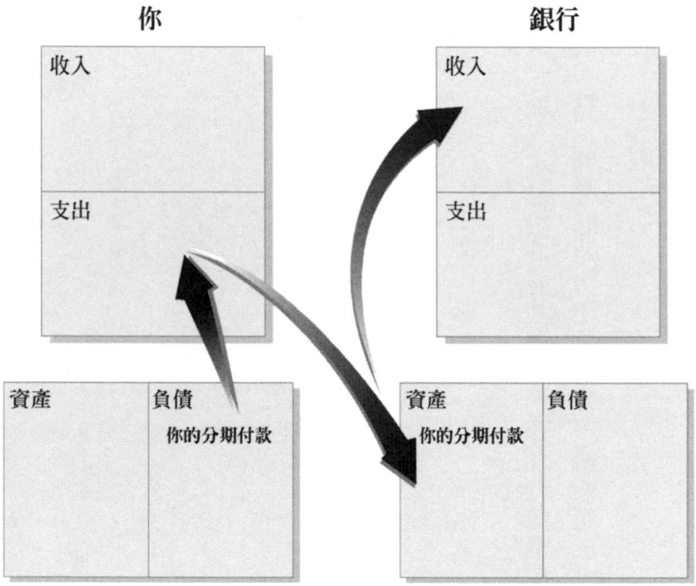

## 儲蓄怎麼樣了？

下一個問題是，對損失者來說，他和儲蓄存款的關係如何呢？這個答案也可透過閱讀財務報表獲得。

你的財務報表是：

爲何儲蓄者總是損失者

你

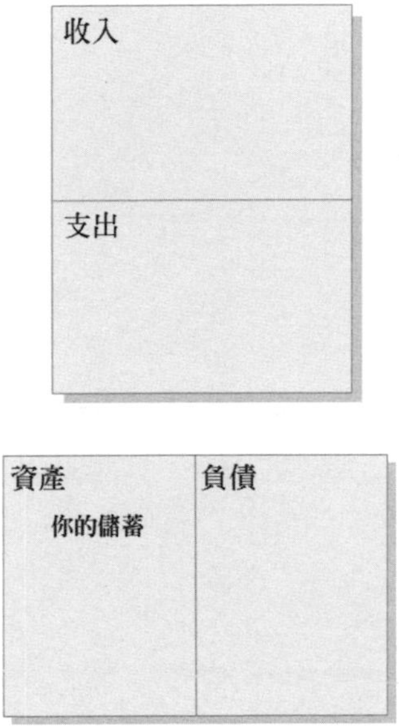

是的，你的儲蓄是資產。但我們需要跟蹤現金流留下的蹤跡獲得一幅真實的圖表，以提高我們的財商。請看銀行的財務報表：

**銀行**

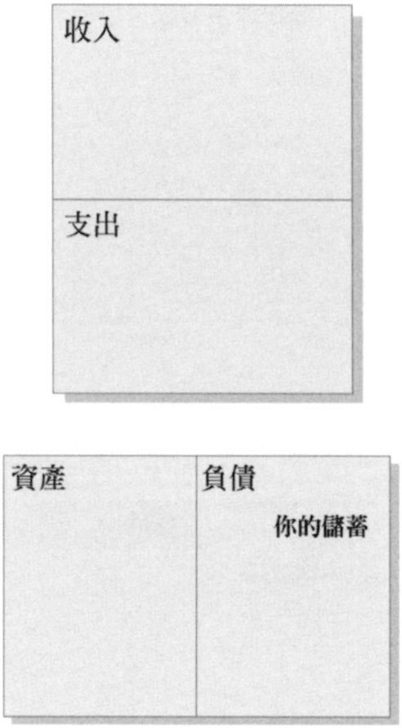


再作一次現金流的石蕊試驗，根據現金流向（流進或流出），你會對資產和負債作出正確的界定。

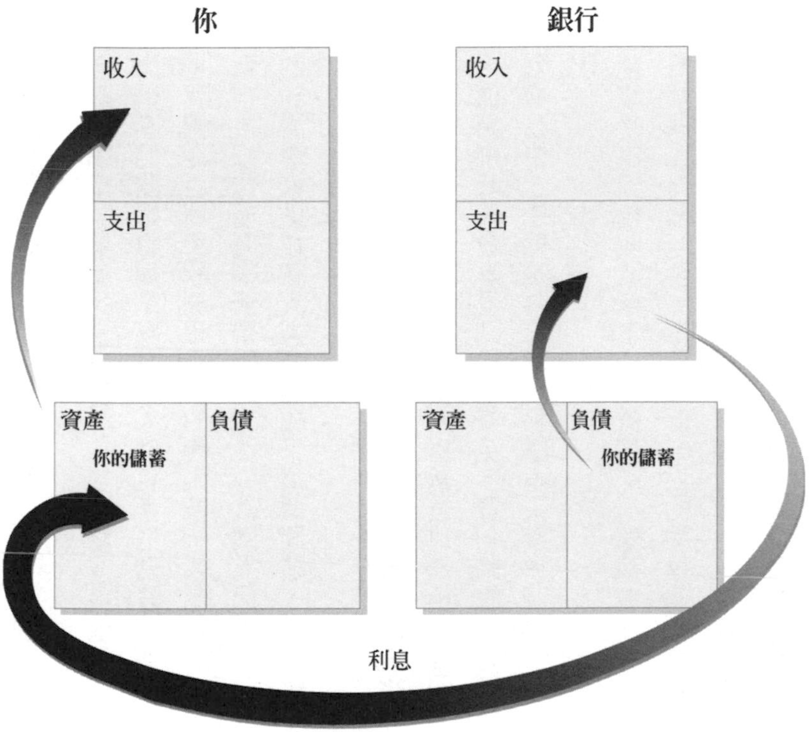
你
銀行
收入
支出
收入
支出
資產
負債
你的儲蓄
資產
負債
你的儲蓄
利息

## 債務使你享受稅收減免，儲蓄則使你受到徵稅懲罰

二〇〇〇年初，許多經濟學家為美國的負儲蓄率感到震驚。負儲蓄率意味著，我們銀行裡的債務比現金多。經濟學家們開始說國家應鼓勵人們更多地儲蓄。他們已聽到了警示的鐘聲，因為作為一個國家，我們從亞洲和歐洲銀行借的錢太多，我們國家已瀕臨經濟災難的邊緣。在我讀過的一篇文章裡，一位著名經濟學家說到：「美國人已丟失了我們祖先留下的工作和儲蓄的美德。」這個經濟學家仍在譴責人們造成了這個問題，而不將原因歸咎於在我們祖先走了多年後，我們創造的這個體制。

我們不得不翻看我們的稅法，這是使低儲蓄、高債務問題變得嚴重化的原因。富爸爸說「儲蓄者總是損失的一方」，並不是說他反對儲蓄。富爸爸只是指出這個嚴重的問題。在許多西方國家，當人們陷入債務中時，會享受到稅收減免。換句話說，人們為享受這一優惠政策，會使自己更深地陷入債務中。這就是為什麼有那麼多人寧願背負信用卡債務，並把它們轉成家庭財產貸款的原因。

與此同時，儲蓄可就享受不到稅收減免了。恰恰相反，儲蓄者反而被徵稅。問題並不僅限於此，不是富人，而是那些工作最辛苦、工資最低的人的納稅比率最高。很顯然，我認為這個體制是在懲罰工作並儲蓄的人，同時鼓勵那些借錢消費的人。教育體制愈不教孩子們財務報表，一個國家就有愈多讀不懂數字，並弄不清到底發生了什麼事的人。

## 對儲蓄的獎勵

富爸爸說：「你的儲蓄率若是百分之四，同時通貨膨脹率也上漲百分之四，你則沒什麼收益。然後政府會對你的利息徵稅，所以最後結果是你在儲蓄上賠了錢。這就是為什麼說儲蓄者就是損失者。」

除這段話外，富爸爸很少談存錢。他一直教我們如何讓錢為我們努力工作，即讓錢去獲取資產或如他所說的「把錢變成財富」。我的爸爸和媽媽把錢變成了他們認為是資產的債務，最後只有所剩不多的錢能夠去儲蓄了。雖然他們努力工作且沒錢可存，他們還是不斷地對孩子們說：「找工作，努力工作並存錢。」這也許是工業時代的好建議，但在資訊時代，絕對是個壞建議。

## 你的錢運轉得有多快？

富爸爸並不反對存錢。但他不是漫不經心地勸我們去存錢，而是談論錢的「速度」。他沒有勸我們留點錢出來作為「退休儲蓄」，卻是告訴我們「投資收益」和「內部報酬率」，換句話說，即「我的錢收回得有多快」？

下面是一個簡單的例子：

假如我買了一棟價值十萬美元的出租房屋，並從我的儲蓄中拿出一萬美元交頭期款。一年後，我獲得出租收入減去償還的抵押貸款、稅款和其他費用，還淨剩一萬美元。換句話說，我收回了一萬元的儲蓄，同時，還得了一套房子，即資產，此後每年它還會為我提供一萬美元。現在我收回的一萬美元還可以為我買別的財產、股票或從事其他業務。

這就是一些人指的「錢的速度」，或者是富爸爸說的「我的錢能以多快速度收回？」或「我的投資收益是多少？」財務高手們希望收回他們的錢以便投資於其他資產。這也可用以說明為什麼富人愈來愈富，而其他人卻忙著或為退休存錢或節儉度日以備不時之需。

## 用真錢玩

在本章開始，我提到了一位老朋友，她已臨近退休，存有二十五萬美元並在猶豫下一步該做什麼。她知道她每年需要花費三萬五千美元，但二十五萬美元的利息顯然不足以使她達到這一消費水平。我用上面那個簡單的例子，即從儲蓄中拿出一萬美元去買一所十萬美元的房子，告訴她如何進行投資以解決他的財務困難。當然，她首先需要學習如何投資並找到這樣一個投資專案。當我向她解釋什麼是「錢的速度」和「投資回報」時，在智力上和情感上她都呆住了。雖然這一切讓她感慨不已，但害怕賠掉辛苦錢的恐懼仍讓她無法接受新的賺錢配方。她所知道的就是努力工作和儲蓄。今天，她的錢仍留在銀行中。最近我又見了她一次，她說：「我熱愛工作，所以我想再工作幾年，工作使我充滿活力。」看著她遠去，我似乎又聽到富爸爸在說：「人們努力工作的主要原因之一，是他們永遠都學不會如何讓錢為他們努力工作，所以他們只有一生努力工作，而他們的錢則閒置一旁了。」

## 教你的孩子們學會讓錢為他們努力工作

下面是一些點子，或許你能用來教你的孩子讓錢為他們努力工作。此外，我提醒家長們，若你的孩子們不想學，就不要強迫他們。小竅門是用於幫助孩子們尋找更好學習的方法，而不是強迫他們去學習。

## 三個小豬存錢罐

我還是個小孩子時，富爸爸讓我買三個小豬存錢罐，並被貼上以下標籤：

繳什一稅：富爸爸願意向教堂和慈善機構繳一些錢。他從總收入中拿出十分之一繳什一稅。他常說：「上帝並不會索取，但人們應給予。」很多年來，我發現許多世界上最富的人都是帶著繳什一稅的習慣開始人生的。

富爸爸確信他的財務好運緣於他繳納什一稅。他會說：「上帝是我的夥伴。如果你不付錢給你的夥伴，他就會停止工作，這樣，你就得花十倍的努力去辛苦地工作。」

儲蓄：第二個存錢罐是用於儲蓄的。靠經驗估計，富爸爸相信足夠的儲蓄能應付一年的費用開銷。例如，若每年的總開支為三萬五千美元，他認為就應儲蓄三萬五千美元。存夠這筆錢後，剩下的交什一稅。如果開支增加，儲蓄額也應隨之增加。

**投資**：以我之見，這是給予我一生重要開端的存錢罐。這個存錢罐提供給我錢，使我可以用這筆錢去承擔風險。

我那位有二十五萬美元儲蓄的朋友本應在九歲時就擁有這個存錢罐。如前所述，當一個孩子九歲時，就開始尋找他或她個人的世界觀。例如我，在九歲時學習到的不需要錢，不需要工作，而要去投資幫助我形成了我的世界觀。我學習到了財務自信而不是需要財務保障。

換句話說，從第三個存錢罐中，我拿到了真錢去用於冒險，犯錯、汲取教訓和獲取使我終生受益的經驗。

我投資的第一個專案是稀有錢幣，至今我仍收藏此類物品。在錢幣之後，我投資了股票和不動產。但我在教育上的投資卻超過我在資產上的投資。今天，當我談及「錢的速度」和投資收益率時，我其實是在講四十多年的經驗。我的確有二十五萬美元儲蓄、已接近退休年齡的朋友還從未有過此類體驗。正是缺少這種體驗導致她害怕失去她的辛苦錢。而也正是我多年的經驗使我在這一事情上能有一個有力的開始。

透過給你的孩子三個小豬存錢罐，你實際上是在他們年輕的時候給了他們去獲取這種無價經驗的種子資本。一旦你的孩子有了這三個存錢罐並正在培養良好的習慣，你也許會讓你的孩子從「儲蓄」存錢罐中，拿出錢到經紀公司繳納定金，並開設一個賬戶，以購買共同基金或股票。我建議讓孩子們去嘗試，以便他們能獲得智力、情感和身體的體驗。我知道許多家長在代替孩子們做這些事。雖然你們幫助孩子賺了一點錢，但卻剝奪了孩子們的體驗過程。

在現實世界中的體驗與教育一樣重要。

## 首先支付自己

最近，我上了一個電視節目。現場觀眾問的最多的一個問題是「如何首先支付自己？」面對這個問題，我感到十分震驚，我認識到有許多成年人對「首先支付自己」這個觀念感到新鮮和費解。費解的原因是因為有如此多的成年人深陷於債務之中，使他們根本不可能首先支付自己。

節目結束後，我認識到用三個小豬存錢罐開始我的生活的方式，實際上是富爸爸在教我如何首先支付自己。今天，作為一個成年人，我的妻子和我仍在抽屜內放了三個小豬存錢罐，我們仍在繳什一稅、儲蓄和投資。

當我研究富人們的生活時，我發現首先支付自己是他們思維的首要準則，是他們生活的根本。最近，我聽了投資導師和基金管理者約翰•坦普林頓爵士的演講，他說他盡量把收入的百分之二十用於生活開支，收入的百分之八十用於儲蓄、繳什一稅和投資。許多人把收入的百分之一〇五用於生活開支，故而也就剩不下什麼來支付自己了。除了不首先支付自己，他們會首先支付任何人。

## 日常文書工作

富爸爸把三個小豬存錢罐的觀念更深入化。他想讓邁克和我把我們的存錢罐與財務報表聯繫起來。隨著我們不斷地向存錢罐裡存錢，他就讓我們把存錢罐裡的錢記入財務報表中。

以下是他讓我們記賬的方式：

**為何儲蓄者總是損失者**

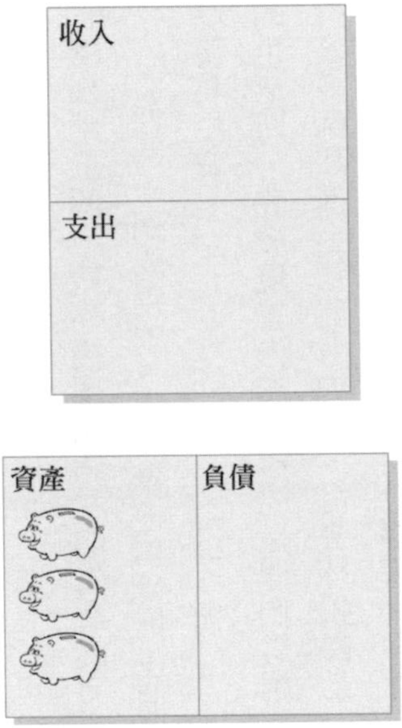


如果我們從我們的賬戶或存錢罐中拿些錢出來，我們就得記錄下來。例如，我從繳什一稅的賬戶中拿出二十五美元捐贈給教堂或慈善機構，我就必須記錄到我的月份財務報表中。

我的月報類似下圖：

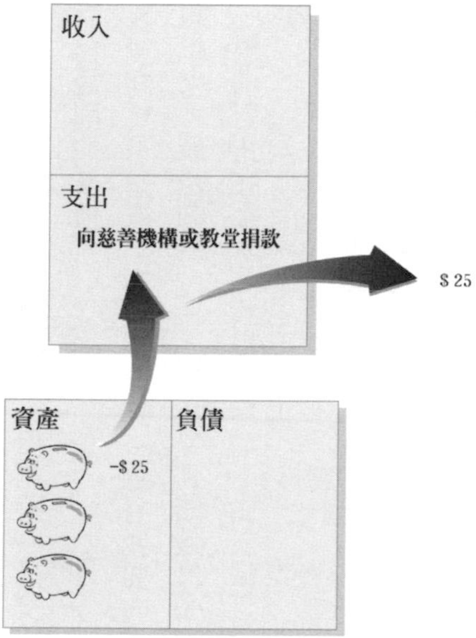


透過擁有三個小豬存錢罐和把我的錢記入財務報表中，我得到了大多數成年人，更不用說孩子，從未受到過的財務教育和體驗。富爸爸會說：「『會計』這個詞來自於『負有說明義務』一詞。如果你想變富，你對你的錢負有說明的責任。」

我無法告訴你「負有說明義務」及「會計」的觀念對我今天的生活有多麼重要，這觀念對任何人都很重要。當一家銀行有禮貌地拒絕你的貸款要求時，這個銀行實際上是在從很多方面告訴你，他們擔心你缺乏對你自己的錢進行說明的能力。

當國際貨幣基金組織（ＩＭＦ）說一個國家不夠「明晰」時，它是在從很多方面說這個國家應提供更清楚的財務報表。明晰意味著清楚。擁有明晰的報表會使任何有興趣的群體均能容易地看到現金從哪兒來，到哪兒去。

換句話說，IMF要求一個國家進行說明，而富爸爸是要求我和邁克進行說明。

所以，無論你是個小孩、家庭、公司、教堂、或一個大國，管理金錢並對其進行說明的能力都是值得一學的、重要的生活技能。

## 這就是開始

使用紙板遊戲、三個小豬存錢罐和簡單的財務報表的主意，是富爸爸幫助我和他的兒子進入現實金錢世界的方法。雖然概念上很簡單，但並不容易堅持不懈。從這一過程中我學到的最重要的一課是財務規則的價值。

我知道，每月我要向富爸爸報一次財務報表。每月我要向富爸爸說明我的錢數。有幾個月我想逃掉，但回想起來，最差的月份往往是我學到知識最多的月份。因為我是從自身中學習。我還知道，這一規則對正在上學的我很有幫助。由於缺乏自律，而不是缺乏智力，我曾陷入最大的學業困難中。

這就是富爸爸教他的兒子和我在現實世界中處理金錢事務的方式。在以後的章節中，我將進一步介紹你值得一試的、更高級的練習和按這一方法學習的其他課程。下列課程值得一學，因為在當今社會，僅靠存錢以備不時之需確實是一條落伍的財務之路。在工業時代，儲蓄或許是個好主意，但它已趕不上資訊時代因資訊變化而產生的飛速變化。在資訊時代，你需要知道你的錢周轉得多快，以及它為你工作得有多賣力。

# 第十一章　好債與壞債的區別

我父母一生中的大部分時間都是在努力擺脫債務。

相反，富爸爸一生中的大部分時間則是在努力支配愈來愈多的債務。富爸爸不是建議我和邁克盡量避免債務和償清賬單，而是常說：「如果你想成為真正的富人，你就必須知道好債和壞債的區別。」這並不是富爸爸最感興趣的課程，他只是想讓我們意識到財務狀況好與差之間的區別。富爸爸更想做的是挖掘我們的財務天賦。

## 你知道好與壞之間的區別嗎？

在學校裡，老師們大多數時間是在尋找好答案和壞答案。在教堂裡，大部分討論是關於善與惡的鬥爭。論及金錢，富爸爸也希望教會他兒子和我去區分金錢學中的好和壞。

## 窮人和銀行

當我還是個孩子時，我知道許多貧困家庭並不信任銀行和銀行家。許多窮人感到和穿西裝革履的銀行家談話不自在。所以他們中的許多人認為，與其去銀行，還不如把錢藏在床墊下面或安全的地方，只要不是銀行什麼地方都行。如果有人需要錢，這些人會組織到一起，拿出他們湊的錢借給那位需要錢的成員。如果他們實在無法從朋友或家庭成員那裡借到錢，他們就會光顧當鋪把當鋪當作他們的銀行。他們並不是把自己的房子作抵押品，而是押入電鋸或電視等物品，並負擔很高的利息。

現在，在美國的一些州，窮人在短期借款上的利率超過了百分之四百，以至於被稱為「發薪日貸款」。許多州規定了最高利息標準，但借錢的成本仍然很高。當我意識到這些金融機構對窮人有多苛刻時，我才明白為什麼許多窮人不信任那些西裝革履的人了，而且我認為信任是雙向的。對窮人而言，所有的銀行和銀行家都很壞，而且在剝削他們，而銀行和銀行家們對窮人也持有類似的看法。

## 中產階級和銀行

我的父母像大多數中產階級一樣，認為銀行是存錢的安全地方。他們常對孩子們說：「錢放在銀行裡最安全。」所以他們把銀行看成是存放錢的好地方，同時他們也認為借太多的錢不好。因此爸爸、媽媽一直想早日擺脫賬單的煩擾。他們的目標之一就是還清房子的貸款，自由自在地擁有它。總結他們的觀點就是，銀行很好，存錢很好，借錢就不好了。這就是為什麼媽媽總在叮囑：「既不要欠債，也不要借別人錢。」

## 富人和銀行

與之相反的是，富爸爸卻教育邁克和我要有財務智慧，如書中已提到的，智力的定義之一就是發現細微差異的能力，或是分而增。富爸爸的特別之處就是他並不盲目地認為儲蓄就好或借錢就壞。

相反地，他會花很多時間教我們瞭解好儲蓄與壞儲蓄、好費用與壞費用、好債與壞債、好的損失與壞的損失、好收入與壞收入、好稅與壞稅、好投資與壞投資的不同。富爸爸透過教我們尋找細微差異去思考，以提高我們的財商。換句話說，如果你能講出的好債與壞債、好儲蓄和壞儲蓄之間的不同愈多，你的財商就越高。如果你把一些東西如債務等能分出好和壞來，那麼就意味著你的財商較高。

本書不講好東西或壞東西之間的具體差異，如果你有興趣，「富爸爸系列」的第三本《富爸爸，提早享受財富》介紹了一些有關好債與壞債、好壞費用、好壞損失、好壞稅收等之間的不同。

本書想提醒家長盡量避免下面這樣的話：

- 不要負債。
- 要多存些錢哦。
- 快付清你的賬單。

- 不要刷信用卡。
- 不要借錢。

綜上所述，窮人總是認為銀行不好並躲避銀行；中產階級會認為銀行提供的有些服務好，有些服務不好；而富爸爸則教育我們去認清每件事的好與壞的兩個方面。富爸爸鼓勵我們去發現財務事件上的好或壞，富爸爸增加了我們發現細微差異的能力，進而提高了我們的財商。

## 挖掘孩子的財務天賦

富爸爸教給我們的最重要一課就是他所謂的「像銀行家一樣思考」。他也稱其為「金錢煉金術——如何把鉛變成金子」或「如何白手起家賺到錢」。

讀過《富爸爸，窮爸爸》一書的人會想起書中我的那個可笑故事。那個故事是說，我想學著按銀行家的方式思考，或者說按煉金士的方式思考，我想變成煉金士，將鉛變成金子。

富爸爸希望我和邁克真正瞭解銀行是怎樣運作的，而不是像大多數窮人那樣，認為銀行不好或像大多數中產階級那樣認為，銀行的某些地方很好，而某些地方不好。在我們的成長過程中，他有時會帶我們到他的銀行裡，讓我們坐在大廳裡觀察來來往往的人們。最後，當我們做過多次這種練習後，他問我們：「你們看到了什麼？」

當時我們只有十四歲，很多事情我們還不瞭解，結果邁克和我表現出像其他十幾歲的孩子被問到問題時的樣子，聳聳肩，看起來有些不耐煩。「人們來來往往。」邁克應道。

「就是嘛。」我答道：「就是這樣子的。」

「很好。」富爸爸帶我們走到出納櫃檯那裡，我們看到一個女人正在存款。「看到了嗎？」他問。

我們點點頭。

「好的。」他又把我們領到一位銀行工作人員的桌前，「你們在這裡看到了什麼？」

我和邁克看到一位身著西裝的男人，正在填寫財務報表，並跟銀行工作人員在談話。

「我不太清楚，」我說，「如果讓我猜，我猜他是在借錢。」

「好的。」富爸爸暗示我們離開，「你們終於看到了我想讓你們看到的東西。」

鑽進他那輛被夏威夷的太陽曬得熱烘烘的車，邁克問我：「我們到底看到什麼了？」

「問得好，」富爸爸答道，「你們看到什麼？」

「我看到人們走進去把錢存到銀行裡，」我說，「我還看到另外一些人走進銀行把錢借出去，這就是全部。」

「很好，」富爸爸說，「那麼借出的錢是誰的錢？是銀行的錢嗎？」

「不是，」邁克說，「是存款人的錢，銀行在用別人的錢賺錢。他們吸收存款並把它們貸款出去，他們用的不是自己的錢。」

「好的，」富爸爸轉向我說：「你父母每次到銀行做些什麼事？」

想了片刻，我答道：「他們千方百計地去存錢。假如他們借了錢，他們就千方百計地去還錢。他們認為儲蓄很好，借錢是不好的。」

「很好，你的觀察力很強。」富爸爸說。

我把棒球帽沿轉到腦後，又聳了聳肩，心裡想：還不錯。車子正往回開，向富爸爸的辦公室駛去。

回到辦公室，富爸爸在黃色便箋上畫了如下的圖表——財務報表圖：

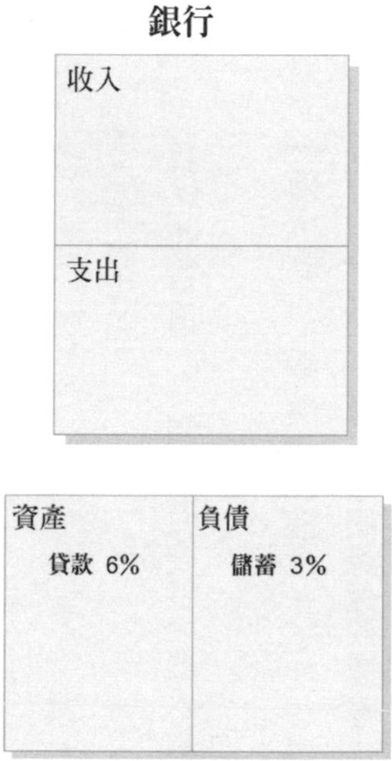

「你們看得懂這幅財務圖嗎？」他把本子推到我們面前，問道。

邁克和我研究了一會兒點頭說：「我們懂了。」今天我們已見過許多不同類型的財務方案，因此更能理解富爸爸的思想了。「銀行吸收存款並付給儲蓄者百分之三的利息，然後以百分之六的利率貸給借款人。」

富爸爸點點頭說：「這是誰的錢呢？」

「是儲蓄者的錢。」我迅速答道。「儲蓄者的錢一進入銀行，銀行家就想把它借出去。」

富爸爸又點了點頭。一陣沉默，他想讓我們消化一下他想讓我們吸收的東西。他說：「我和你們玩『大富翁』遊戲的時候，我常對你們說你們要尋找獲取鉅額財富的配方，對嗎？」

我們點頭稱是，「四棟綠房子，一家紅色旅館。」我輕聲地答道。

「好。」富爸爸說：「不動產的好處之一就是你們能看到它。現在你們又大了一些，我想讓你們看到眼睛看不到的東西。」

「眼睛看不到的東西？」我問道，這回感到有些困惑不解了。

富爸爸點了點頭。「你們現在又長大了一些，大腦更加成熟了。我想開始教你們用大腦去看那些窮人和中產階級很少看得到的東西。他們之所以看不到，是因為他們不熟悉財務報表以及財務報表的作用。」

邁克和我安靜地坐著，期待著。我們知道他將向我們展示的，是一些看似簡單，實則深奧的東西。

這些東西之所以深奧，是因為我們能夠超越表面上的簡單去看它。

富爸爸又拿出他的便箋，畫了第二幅圖——富爸爸的財務報表：

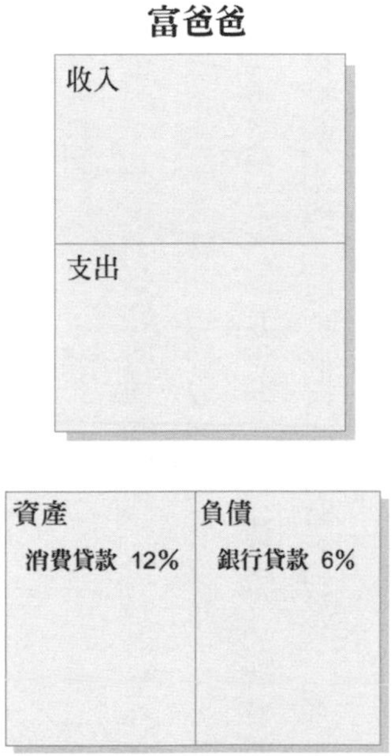


邁克和我坐在那裡，盯著這幅圖，看了好長一段時間。如我所說的，是一張很簡單的圖，但是如果我們能透過它的簡單的表面，就會發現它的深奧。最後我開口了：「所以說你借錢，然後又把它借出去，就像銀行一樣。」

「對，」富爸爸說，「你可知道你的父母常說『既不要借錢給別人，也不要欠債嗎』？」我點點頭。

「這就是他們要為錢而奮鬥的原因，」富爸爸說，「首先他們把注意力集中在存錢上。如果他們向銀行借錢，他們會借錢去買他們認為是資產實際上卻是負債的東西，比如他們會買房子和汽車，這些東西讓現金流出而不會帶進現金流。然後他們會辛勤工作去償還債務，這樣就可以說『我徹底擁有它了』。」

「這麼做很糟嗎？」我問。

「不是，」富爸爸說。「這不是好與壞的問題，這是所受教育的問題。」

「教育？」我重複道。「教育和這件事有什麼關係？」

「是這樣的，」富爸爸說，「關於金錢，你父母所受的教育並不好，所以他們認為存錢和盡快地償還債務是最好的出路，以他們所受的財務教育，或者說他們所具有的『理財經驗』，這種金錢管理模式最適合他們。」

「但是假如他們想做你所經營的事業，」邁克說，「他們就必須增加他們的財務教育。」

富爸爸點了點頭，「這就是我希望在你們離開學校前能為你們所做的事。如果你們在離開學校前沒有學會我教給你們的這些東西，你們將很難再有機會學到這些東西了。如果你們在離開學校之前，缺乏這方面的教育，你們會感到生活在不公平地利用你們，其實這就是因為你們對錢知之甚少。」

「你是說現實世界會教訓我們？」我問道。

富爸爸點了點頭。

「所以你會借錢去賺錢。」我說。

「對。」

「可是我的父母卻在為錢工作，然後拚命存錢，想盡辦法不借錢。」

富爸爸點點頭：「這就是他們很難致富的原因。」

「因為他們是在為錢努力工作，」我接著說，希望能得到富爸爸進一步的解釋。

富爸爸點點頭說：「可是你努力工作是有限度的，而且你辛苦工作能夠得到的錢也是有限度的。對於大多數人來說，辛勤工作能換回的錢是有限的。」

「所以你能存的錢也是有限的，」邁克插嘴道，「你還說過，在雇員得到工資之前，已被扣掉了一大筆稅。」

富爸爸靜靜地向後靠在椅子上，他覺得這一課快結束了。

我的眼睛停在富爸爸的便箋紙上，我指著資產項和負債項問道：「你和銀行的做法一樣，從銀行借款，然後再想辦法用借到的錢賺回更多的錢。」

富爸爸注視著我說道：「現在讓我們看一看你父母的財務報表。」

看到這張報表，我驚呆了，坐在椅子裡一動也不動，我明白了富爸爸要告訴我的東西，它如同一座警示鐘一樣。富爸爸又用這個活頁本畫出了我父母的財務報表。

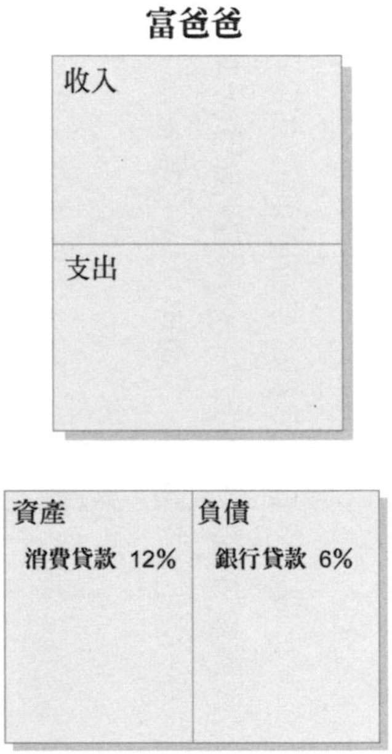

富爸爸、邁克和我坐在那裡研究兩張財務報表的不同，但我並不知道這堂簡單的課會對我的生活產生多麼大的影響。自那天起，我看世界的方式的確發生了改變。這個簡單的例子中有許多值得領悟的東西，直到今天我仍在學習這堂課。

許多收穫是看不到的。我建議大家和朋友們坐下來，討論這些細微差異對人一生的影響。

我建議能花一些時間來討論如下一些問題：

・在生活中，人們由於財務觀念的原因，造成資產賺回的錢少於負債的成本時，會發生什麼事情？

**窮爸爸**

| 收入 |
|---|
| |
| 支出 |

| 資產 | 負債 |
|---|---|
| 儲蓄 3% | 分期付款 6% |

- 你存一筆錢要花多長時間？假如你不是去借十萬美元，而是考慮若你每年僅賺五萬美元且要支付全家的食物、衣服和教育，你需要多長時間才能存到十萬美元？
- 假如你借錢賺錢，而不是辛苦工作去存錢，然後再用你自己存的錢去賺錢，你能以多快的速度比別人先富起來？
- 當一個爸爸借債然後把債務變成資產時，另一個爸爸是怎樣拿出資產——儲蓄並把它變成負債的（儲蓄者總是損失的一方）？
- 為了成為借錢賺錢的人，你應具備哪些財務技能？
- 你該怎樣學習以掌握這些技能？
- 兩種財務報表有哪些長期和短期風險？
- 我們該教孩子些什麼？

如果你願意花些時間討論這些問題，我認為你會明白為什麼有些人變富，而有些人終生在財務問題中掙扎。生活中許多人為錢所苦或財務成功都蘊含了金錢、儲蓄和債務課程的內容。

## 提醒你——從小事做起

富爸爸常說：「處理所有債務的態度就像你手拿一把上了膛的槍。」富爸爸常說瞭解好債和壞債都很重要的原因是，因為債務有使你成為窮人或富人的力量，就像已上了膛的槍可以保護你，但也可以殺了你。

在今天的美國，信用卡債務已威脅到許多家庭，甚至威脅到受過良好教育的家庭的生活。

本章的主要觀點是給你一些時間讓你思考，關於債務——你該教給孩子些什麼。

如果你想讓你的孩子長大後能在較短的時間內變得富有，作為父母，你就需要教你的孩子關於債務和債務管理的基本技能。這樣的教育應從財務報表開始。

如果你不教你的孩子關於債務的任何事情，你的孩子就有可能在其一生的大部分時間內為財務問題苦惱。他們努力工作、努力存錢，但依舊陷入債務堆中。

下一章講的是父母該怎樣提高孩子的財商，擁有高財商的孩子會更好地運用債務的驚人力量。如富爸爸所說的「對待債務的態度要像手拿一把子彈上了膛的槍」，以及「你必須知道好債和壞債的區別」。

當你開始教你的孩子識別好債和壞債、好費用和壞費用時，你正在發掘你孩子身上的財務天賦。

# 第十二章 用真錢學習

當爸爸和媽媽告訴我他們沒錢送我上大學時，我的回答是：「不要緊，我不需要你們的錢上學，我會自己想辦法支付學費的。」我能自信地說這番話，是因為我已經能自己賺錢了，並不是我已賺到了能使我完成學業的錢，而是我已學會了能讓我賺到錢並完成學業的課程。這堂課是從富爸爸拿走我的每小時十美分開始的。從九歲時起，我就開始學習靠自己生存了。

## 我停止幫助我的兒子並開始教育他

最近一位父親找到我說：「我認為我兒子會成為下一個比爾・蓋茲。布瑞恩雖然只有十四歲，但他已經對公司和投資產生了濃厚的興趣。直到讀完你的書後，我才意識到以前我把他寵壞了。我很想幫助他，所以現在開始採取行動。當他對我說想要新的高爾夫球桿時，我對他提出了一個新的挑戰。」

「你採取了什麼行動？」我問。

「以前我總是教他為錢而工作。」這位爸爸說。「現在，如果他向我要高爾夫球桿，我會讓他自己賺錢去買。讀完你的書後，我發現過去我是在安排他成為努力工作的消費者，他被設計成為辛勤工作的人而不是成為知道如何讓錢為他辛勤工作的富人。」

「那麼你的做法有了什麼改變嗎？」我問。

「當然。我告訴他去鄰居那兒看看有沒有需要他做的工作。過去我會直接給他零用錢，然後讓他把錢存起來去買高爾夫球桿的。」

「很有趣。」我說道。「你不是教他去機械式地存錢，而是告訴他去外面尋找機會賺錢。」

這位驕傲的父親點了點頭說：「我原以為他會生氣，誰知他卻興高采烈地去開展他自己的業務了，他認為這是在靠自己而不是伸手向我要錢。整個夏天，他為別人修剪草坪賺了五百美元，這筆錢足夠他買球桿了。然後我又做了些不一樣的事。」

「你做了什麼？」我問。

「我帶他到一家股票經紀公司開了個賬戶，他在那兒買了一百美元的高成長共同基金。我告訴他這是作為他上大學的基金。」

「太好了！」我說，「然後你讓他買高爾夫球桿了嗎？」

「噢，沒有。」這位驕傲的父親眉宇間充滿了自豪，「接著我做了你的富爸爸可能要做的事。」

「什麼？」我驚奇地問。

「我拿走了他的四百美元，然後告訴他我會一直把錢放著，直到他能發現一項能給他買高爾夫球桿的資產。」

「什麼？」我問，「你告訴他去購買資產？所以你延遲了他享受自己報酬的時間？」

「是的，」這位爸爸說，「你說過延遲獎勵是需要培養的重要的財商，所以我拿走了他的錢並延緩對他的獎勵。」

「然後發生了什麼事？」我說。

「他生了半個小時的氣，隨後他意識到我這麼做的目的。一旦他認識到我在教他的一些東西，他開始思考。當他理解我的用意後，他接受了這一課。」爸爸說。

「什麼課呢？」我問。

「他走過來說，『你在設法留住我的錢，是嗎？你不想讓我把它花在一根球桿上。你想既讓我擁有球桿又留住這筆錢。這就是你想讓我學的，對嗎？』」這位父親面帶笑容地說。

「他從中得到了教益。他現在知道既要留住辛苦錢又要擁有高爾夫球桿。我真為他驕傲。」

「哇。」我驚歎道。然後我說，「他才十四歲就懂得他在留住這筆錢的同時，也可以得到球桿嗎？很多成年人都不能理解呢，那麼你兒子是怎樣做到的呢？」

「他開始讀報紙上的廣告，然後他去高爾夫用品商店與店主談話，以瞭解他們的需求和要求。有一天他回家後告訴我他要用錢，他已經發現了一條既能留住錢又能買高爾夫球桿的辦法。」

「什麼辦法？」我向前探了探身子，等待著答案。

「他發現一位想削價出售自動糖果機的人。然後他問高爾夫球店是否能在店內放兩部機器。店主說可以，於是他回家向我要錢。我們用三百五十美元買下兩台機器並買了足夠的糖果，並把機器安放在高爾夫球店裡。每星期，我兒子會去高爾夫球店一次，從機器中收錢並為機器加滿原料。兩個月後他已賺足了買高爾夫球桿的錢。現在他已擁有球桿，同時他從他的資產——六台機器中不斷獲得穩定的收入。」

「六台機器？」我說：「我以為他只買了兩台機器？」

「是的，」這位爸爸說，「當他認識到他的機器是資產時，他又買回了更多的資產，所以他的大學基金也在穩步增加。同時他還有時間和錢去打高爾夫球，因為他不必為支付高爾夫球場租金而辛勤工作。他的計劃是成為下一個老虎・伍茲，而我也不需要為此付錢。最為重要的是，他從中學到的東西遠超過我只給他錢所能學到的東西。」

「聽起來你有個正在長大中，且融合了老虎・伍茲和比爾・蓋茲優點的兒子。」

這位驕傲的父親大笑起來：「你知道，這並不是最重要的。最重要的是他現在知道了他可以成為任何他想成為的人。」

## 他可以成為任何他想成為的人

我們一直在討論他的兒子知道長大後能成為任何他想成為的人的重要性。「我父親說過，『成功就是成為任何你想成為的人』……聽起來你的兒子已經相當成功了。」

「是啊，他很快樂，」這個爸爸說，「他與學校裡的其他學生不一樣。照他們的說法，他們分別走著不同的人生之路。既然他有自己的生意和自己的錢，他自然就有自己的特點，但他並沒有因此而飄飄然，他開始思考自己的道路，而不是一心想成為他的朋友認為很酷的人。在這個過程中，他獲得很多自信。」

我點了點頭，回憶起我的高中生活。我痛苦地記得我總是個局外人，而不是局內人。我記得我被排斥在一大群人之外，不被「酷」的孩子們接受和認可，是件讓人感到多麼孤獨的事。回想起來，跟富爸爸學習使我有了一種個人滿足和自信的感覺，儘管還不是最酷的感覺。我知道儘管我不是學校裡最聰明和最酷的孩子，可至少有一天我會富有……那是當時我與眾不同的地方。

「告訴我，」那個爸爸問道，把我從高中生活的回憶中拉了回來。「你認為我對我兒子的教育中還應該增加什麼內容？他已經行動了而且做得很好，但我知道他還需要學習更多的東西。你有什麼建議呢？」

「這個問題很好。」我答道，「他的賬目做得如何？」

「賬目？」這個父親問道。

「是的，他的記錄……他的財務報表，他隨時做記錄？」

「他沒有什麼報表。他只是每星期向我口頭彙報一次。他會告訴我他從機器裡收了多少錢以及他為採購添加到機器裡的糖果花了多少錢，但是沒有正式的財務報表，財務報表對他太難了吧？」

「並不難，可以做很簡單的財務報表。事實上，如果最初的財務報表簡單些會更好一些。」

「你是說要像玩『現金流』遊戲那樣，填寫實際的財務報表？」他問道。

「是的」。我說：「甚至可以沒有那麼難，重要的是他看到了財務報表上體現的總體情況。然後他可以慢慢地細化它，加入更多的細節。當他做了這一切時，他財商會不斷提高，他在財務上的成功機會也將增加。」

「我們可以這麼做，」這個爸爸說，「我會把我們做的第一份財務報表寄給您。」

我們握手道別。一周後，我收到他發給我的財務報表，如下圖：

## 布瑞恩 6月份的財務報表

| 收入 | |
|---|---|
| 6台自動糖果販賣機帶來的收入 | $ 465 |

| 支出 | |
|---|---|
| 糖果和果仁 | $ 85 |
| 布賴恩的工資 | $ 100 |
| 大學基金 | $ 150 |
| 儲蓄 | $ 130 |

| 資產 | | 負債 |
|---|---|---|
| 儲蓄 | $ 680 | $ 0 |
| 大學基金 | $ 3700 | |
| 6台自動糖果販賣機 | $ 1000 | |

我向他們道賀並且回信給他們。我的評語是：「他的個人費用去哪兒了？」他父親發電子郵件回答道：「他把個人費用放在另一張財務報表裡了。他不想把公司費用和個人費用混在一起。」

我也寫電子郵件回道：「這是很好的訓練。知道個人財務與公司財務的區別是很重要的。但稅呢？」

他父親回答說：「我還不想讓他太吃驚。明年我們再考慮稅金的問題。我現在想讓他有多一點成功感，但很快他會學到稅收這一課。」

## 八個月後

八個月後，他的父親發給我一份布瑞恩最新的財務報表。「只想讓你知道布瑞恩的進步。即使在最壞的市場狀況下，託管他大學基金的共同基金運作得仍然很好，現在快有六千美元了。他已擁有九台糖果機並正在考慮另一項生意，那是一家自動投幣公司……就像從『現金流』遊戲卡上描述的那種公司。他已雇用了臨時記賬員，因為現在他的報表太複雜了。現在是對他講解稅收，以及引見他認識一位會計師的時候了。他剛十五歲，可已做好了進入現實世界的準備。他的財務報告已經很厚了，和他的成績單一樣多。隨著他自信心的增強，他在學校的成績也在提高。」

在這段話的最後，他寫道：「另外，布瑞恩現在還有了一個女朋友，他正在教她他所學過的東西。她說她喜歡他，因為他和別的男孩子不同，她認為他有光明的未來。除此之外，我認為她比我兒子對公司更感興趣。他的自尊心和自信心正不斷上揚。最重要的是他正學著成為他想成為的人……而不是成為其他孩子認為他應該成為的人。多謝您。布瑞恩的父親。」

## 對我的工作最滿意的部分

我們收到的大部分信件，無論是電子郵件還是郵寄來的信件，都是非常認同的、令人鼓舞的。我感謝所有給我們寫信的人，這些信鼓勵我們作為一個公司而不斷進步。雖然所收信件中百分之九十九是正面的，但仍有一些是不同意見。我們也收到一些信說「你們錯了，我不同意你們的觀點」，或者是「你冒犯了我的信仰」。如我所說，我們收到的大多數信都是正面的，我們感謝你們，因為正是這份積極的支援給我不斷進步的力量。我們也感謝指出我們的錯誤以便讓我們改進的人們，我們會記住這些正面和負面的話。我們由衷地感謝大家。

有很多人都在信中寫道：「我真希望二十年前就讀過你的書或者玩過這個遊戲。」對大多數人我想說：「只要行動就不嫌遲，我建議您允許自己有一些改變，做一些與以往不同的事」。一些人一心捍衛著過去取得的成果，譴責我侮辱了他們的信仰，然後繼續著他們的道路，儘管那些方法今天已不適用。這些人仍用著過去為他們效勞但在今天已過時了的賺錢配方，繼續使用已不再起作用的賺錢配方，乃是失敗者的生活方式。

我的工作中最令人滿意的部分，是聽到家長們說他們的孩子正走向財務安全、財務獨立和財務自信。這些孩子不需要等二十年後，才開始他們的財務教育，這一切使得這項工作變得尤其有價值。

孩子們有機會在早年獲得一定程度財務安全和財務自信的訓練，從而也幫助他們去創造自己的未來。

堅實的財務基礎並不能給你的孩子全部的人生答案，基礎就是基礎。然而若財務知識基礎堅實，那麼隨著孩子們的成長，他們就會發現他們想要的答案，最終過上他們想過的生活。

## 未來年輕的百萬富翁

自從《富爸爸，窮爸爸》一書發行以來，愈來愈多驕傲的家長來找我，並告訴我類似下面三個故事的故事。每個故事都在告訴我孩子的積極性和創造性，這令我驚奇。

澳大利亞阿得雷德市一位十六歲的男孩和我聯繫並對我說：「讀完你的書並玩了你的『現金流』遊戲後，我買了我的第一塊房地產，賣掉一部分後，我賺了十萬美元。」他父親是一位律師，在父親的幫助下，他在學校的教學大樓裡通過電話達成了交易。「我媽媽擔心我會亂花錢，但我不會的。我知道資產和負債之間的區別，我計劃使用這十萬美元買回更多的資產，而不是負債。」

澳大利亞伯斯市一位十九歲的年輕女孩在讀完我的書後，開始和她的媽媽一起購買出租房屋。她對我說：「現在我從出租收入中賺的錢，已超過我在零售店當售貨員賺的錢。我不打算停下來。當我的朋友們在酒吧喝酒時，我卻出去尋找更多的投資專案。」

一位二十六歲的單身母親參加了我在紐西蘭奧克蘭市的簽名售書活動。她說：「我一直靠救濟金生活直到我的一位醫生朋友送給我一本你的書。讀完之後，我回過頭去找我的那位朋友說『讓我們一起做些事吧』。我們開始行動。我和她僅預付了一千美元定金，就買下了她在裡面作雇員的這家醫療診所，我們分享診所帶給我們的現金流。僅此一個交易，我從依靠救濟金生活的單身母親，成為一個實現財務自由的媽媽。今天，我看著醫生們為我們的診所工作，而我可以在家裡照顧孩子。我的朋友和我都在尋找其他的投資專案，因為我們有時間去做這件事。」

## 鼓勵並保護孩子的創造性

你或許注意到這些年輕人都不害怕利用債務使自己變富。他們不會說，「安全地玩，不要冒險。」他們還沒有學會害怕犯錯誤或害怕失敗，他們應被鼓勵去冒險和去學習。當一個孩子被教育得害怕犯錯誤時，他們的創造性就被扭曲，甚至被扼殺。當父母說「按我的方式去做」時，也會發生同樣的事情。相反，當孩子們被鼓勵去自己思考、冒險和尋找自己的答案時，孩子們的天賦就會展現，他們的創造性就得到了鼓勵和保護。

我驚歎於年輕人的創造力，前面的故事就是年輕人創造性的案例。當孩子們年輕時，應鼓勵他們發揮創造性。與其告訴孩子們該做什麼，倒不如允許他們利用他們自然的創造性，尋找自己的解決財務困難的道路，並創造他們想要的生活。

## 最大的風險

從與孩子一起玩「現金流」遊戲的父母那裡，我最常聽到的話是：「孩子們總能贏我，他們比成年人學得快。」這裡面有許多原因導致這種事的發生。其中一個原因是孩子們尚未學會害怕。他們還年輕，知道假如失敗了，他們還會重新站起來。對許多人來說，年齡愈大，就愈害怕失敗。

因為我們是透過犯錯誤來學習的，故而最大的風險就是長久地等待而不去犯錯誤。我的一些朋友做同一種事情已經二十年了，而他們也陷入了財務困境。他們身處困境的原因是他們在年輕的時候沒有犯過什麼錯誤，現在他們中許多人既沒錢又沒有時間，而時間比金錢更重要。所以，請鼓勵你的孩子從用真錢玩和養成財務學習習慣開始，這會增加他們的財務知識。因為所有風險中，最大的風險就是不去承擔風險，以及不會從錯誤中學習。如果不會冒險並在年輕時從錯誤中學習，那麼隨著你年齡的增大，你將要犯的錯誤會更大。

# 第十三章 增加你孩子財商的其他方式

二○○○年六月，亞利桑那州鳳凰城當地報紙的一位記者採訪了我。他是個好人，但似乎是個懷疑論者，憤世嫉俗和帶有強烈的個人主義色彩。我們年齡相仿，家庭背景也相似，他的父親是波士頓深受尊敬的法官，他在那裡長大。雖然我們年齡相仿，社會經濟和學歷背景相似，但我們在生活中的財務地位卻大相逕庭。五十三歲時，他幾乎沒為退休作好準備。他對我說：「一旦我退了休，我計劃寫一部鉅著。但現在我似乎更需要以自由記者身份工作，以便能還清抵押貸款和維持生計。」

於是我問他：「你為什麼不開始投資產？為什麼不在鳳凰城買幾塊房地產？然後把時間花在你已胸有成竹的鉅著上？」

他的回答是：「在鳳凰城你已找不到好投資了。十年前還可以，但現在好交易已不存在，市場太熱了。一旦股市崩潰，房地產市場可能會隨之崩潰。我認為投資太冒險了。」

聽完這席話，我知道他一生都會糾纏在工作之中。我感覺到他的餘生可能會繼續遵循他目前的成功原則。

我甚至能講出他常用的語言。如果他不改變這些語言，他的生活就不可能改變。

## 富人的辭彙

因為有兩個爸爸，我得以對他們的相似和不同之處加以比較。

當我認識到我的兩個爸爸雖然都說英語，但所說的語言實際不同時，我才十四歲。他們其中一個人用的是學校教師的語言，另一個人講的是商人兼投資者的語言。兩人都講英語，但所說的內容卻大相逕庭。

我對一個人所用的語彙異常敏感。透過聽人的談吐，我就能對人瞭解個大概。

例如，我有個朋友非常喜歡運動，所以，只要我們談到體育，話題就沒完沒了的。然而，如果我問他：「你房子的負債產權比率是多少？」，他的眼睛會瞪得很大，雖然這個問題其實很簡單。如果我不這樣問，而是問：「你已擁有房子的多大部分了？你認為你的房子值多少錢？」我就能得到答案，而這兩個問題與上面的問題實際上是一回事。差別在於我使用這套通俗語言時他能聽懂，而用專業辭彙，他則聽不懂。這就是這一章將要講到的：語言的力量。

## 如果你用詞簡單，就沒有什麼複雜的事了

兩個爸爸都教我不要放過任何一個不懂的辭彙。兩個爸爸也都鼓勵我中途打斷別人的

話，以便向他或她請教任何我不明白的詞或片語。例如，在富爸爸律師的辦公室裡，當律師說一些富爸爸不懂的詞語時，富爸爸會靜靜地說：「請停一下，我不明白你剛才說的話，請用我熟悉的語言方式給我解釋一下。」富爸爸把這種做法發揮得淋漓盡致，尤其是對那些喜歡用華而不實詞語的律師。當他的律師說「甲方……」，富爸爸會打斷他並問道，「你在講哪一方？是穿正式的黑西裝、打領帶的一方，還是在我房子裡很隨便的一方呢？」

窮爸爸說：「許多人認為如果他們操著沒人能懂的誇張之詞，他們就會顯得比別人聰明一些。問題是，他們也許會看上去聰明些，但實際上卻疏於與別人進行更好的溝通。」

每當我弄不懂一些財務術語時，富爸爸會說：「如果你用簡單的詞，就沒有什麼複雜的事了。」

許多身陷財務窘境的人，往往是因為他們使用了連他們自己都弄不懂的詞。兩個典型的例子就是關於資產和負債的定義。富爸爸並沒有直接告訴我字典中關於它們的令人費解的定義，而是教給我一個我能夠明白和運用的定義。

他簡單地說：「資產就是向你口袋裡放錢的東西，而負債則是從你口袋裡掏出錢的東西。」為了進一步強調這兩個定義，他補充說：「假如你停止工作，資產會養活你，負債則會吃掉你。」

仔細分析富爸爸的定義，你會注意到他在定義中加入了動感，而不是只抽象地照字面定義去解釋。

例如韋氏字典中關於「資產」的定義為：資產負債表中表明所擁有的財產的賬面價值的專案。

當你看完字典中的定義後，就不會為如此多的人認為他們的房子是資產感到吃驚了。首先，大多數人從不會自找麻煩去查字典。其次，大多數人傾向於盲目接受他們認為是權威的銀行家或會計師賦予的定義。這些人會告訴他們：「你們的房子是資產。」如我所說，當銀行家說你的房子是資產時，他或她並沒說謊，你的銀行家只是沒說是誰的資產。

我也說過，智力是一種擅於明察秋毫的能力，因此對同一概念的多種定義，也不乏是一種更好的觀察細微差別的方法。第三，假如你對一個名詞能有親身的體驗，你就能更好地理解它。

當你看到下一頁上的學習金字塔時，你會開始明白為什麼這麼多人會盲目接受關於辭彙的定義。

大部分現行教育體制會在小學三年級或大約孩子九歲時，開始純粹的智力學習階段。積木和玩具被拿走，學生們開始了對理論知識的學習。為加快這個學習過程，孩子們幾乎盲目地接受權威形象（如老師們）要求他們讀或聽的內容。在這一點上，這種體制的確是在強調幾乎純粹的理性學習。

在感情上，孩子變得害怕犯錯誤，害怕提問或向老師發問。在體能方面的學習，除了在體育館和田徑場上進行的藝術和體育課外，差不多絕跡了。具有詞語——語言天賦的學生會學得很好，而擅長體能學習的學生或藝術感較強的學生就開始落後了。在這個階段，孩子們只是一味將一切理性知識當作真理來接受，而不需要任何實踐論證。這就是為什麼當銀行家說「你的房子是資產」時，大多數人只會點頭並接受這個事實，而不去進行實際驗證。畢竟，這是我們自九歲起就被教授的學習方式。

## 學習金字塔

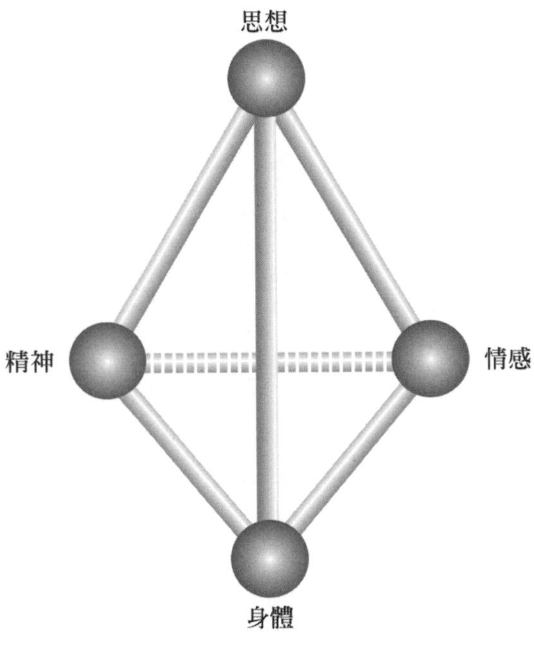

## 名詞和動詞的力量

富爸爸盡力讓我們把每一個生字或概念都和現實聯繫在一起，這就是為什麼他的資產負債定義會如此形象、生動的原因。

如「錢」和「口袋」，這是我們熟知的詞，他賦予它們以動感，如「把錢放入口袋裡」。他使用名詞如「錢」和「口袋」，也用動詞如「放」來進行解釋——這些都是我和邁克易於理解的名詞和動詞。當你花時間教孩子關於「金錢」的定義時，請務必使用他們能理解的詞。假如你的孩子是體能學習者，無論他們有多大，請你注意使用孩子能看、摸和感覺的定義。遊戲是最好的老師，因為它能為孩子們正在學習的、新的財務辭彙提供直觀的一面。

## 辭彙的力量

在本章開始，我提到與那位記者的談話。他是個非常開朗的人，我們年齡相同，與他在一起我很快樂。我們分享在生活中的共同愛好，可一涉及到錢，我們的觀點就截然不同了。發生在兩人間的爭論，立刻會提醒我在對他說話之前一定要慎重，因為他可能會誤解我所談及的有關對「金錢」的看法。第一是金錢是非常感性的東西。第二，我對報紙的輿論力量非常尊重，報紙可以成就你，也可以毀了你……所以涉及到我對金錢的觀點時，我說話會特別小心。

下面是採訪中的一段談話：

記者：你為什麼投資房地產而不是共同基金？

羅勃特：我二者均投資，但我的確在房地產上投入的錢更多。首先，每種投資均各有優劣。我喜歡房地產投資的原因之一在於，房地產使我能最大程度地控制何時繳稅和繳多少稅。

記者：你是說人們應該避免繳稅？這不是有點冒險嗎？

羅勃特：我不是說避免，我是說房地產使我能最大程度地控制稅。

「避稅」和「控制稅」這兩個詞的定義之間有很大的不同。我不得不花二十分鐘時間來解釋「避免」和「控制」的區別。對我來說，為解釋這兩個詞的不同，我不僅需要解釋針對雇員的稅法和針對投資者的稅法之間的不同，還要解釋針對共同基金的稅法和針對房地產的稅法之間的不同。

交流中的關鍵問題是作為雇員，他幾乎無力控制稅收，因為他控制不了，「避免」這個詞聽上去就有點像「逃避」了。所以當我提及「控制稅」時，他一聽到要「逃避」，身上所有的神經都繃緊了並做好了防禦準備。

如前所述，「一盎司的認識要用一噸的教育來改變」。這個例子並沒用掉一噸的教育，但我的確花了二十分鐘艱難地進行解釋，才使情形得以緩解。我不想僅僅因為對兩個名詞的誤解，而使他的畏懼影響到我。

接著，採訪又回到正題上來：

記者：你這種說法的問題在於你買不到房地產，鳳凰城的價格太高了。除此之外，我又怎麼能出去找便真的房產買下，修理後再把它賣出去？我沒有這種時間。

羅勃特：很好，我們不買賣房地產，我們去投資房地產。

記者：難道你是說修理一項房產，再把它賣出去賺得利潤不是投資產？

羅勃特：按廣義的投資概念，我想你可以稱其為買賣房地產的投資。但在投資世界，人們買計劃不自己使用或佔有的東西時，被稱為「貿易」。他們為賣而買。一位投資者買入資產通常是為了持有和用該資產換回現金流和資本收益。這就是細微差別。

記者：難道你不賣出資產以獲得資本收益？

羅勃特：當然了。一位真正的投資者會盡力獲取資本收益，而不是賣出或交易他們的財產。

一個投資者的首要目標是買入並持有，再買入並持有，繼續買入並持有。一個真正的投資者的首要目標是增加資產，而不是賣出它們。他們也許會賣掉，但那不是他們的首要目標。在真正的投資者的心中，發現一項好投資要花太多時間，所以寧願買入並持有。貿易者則是買入並賣出，再買入並再賣出，以期望每次都能增加他們的現金收入。投資者買入是為了持有，貿易者買入是為了賣出。

記者坐了一會兒，不停地搖著頭。最後他說：「對我而言，這些話聽起來有點晦澀難懂。」然後他又回到話題上並問了下一個問題。

我感覺很糟，因為我正陷入了我試圖避免的討論中。我盡力使用簡單的語言，但我知道事情進行得並不順利。本來是為了幫他瞭解這種細微差異，但我只能說我在使事情變得更加令人疑惑。

記者：你是說你不去尋找已破損的房產，然後修理它並把它賣出去以獲得利潤？

羅勃特：我或許在尋找此類財產，尤其是我能買下來並持有它們時。但答案仍是「不」，我並不一定要去找已破損並需要修理的房產。

記者：那你找的是什麼？

羅勃特：首先，我會尋找一位急於脫產的賣家。因為當人們急於出手東西時，他們會願意磋商價格。或者我會去銀行尋找已取消抵押品贖回權的財產。

記者：聽上去你是在剝削身處困境的人。這不公平。

羅勃特：很好，可首先，這個人急需賣出財產。他或她對有興趣的買主非常歡迎。其次，難道你不想清理掉你從不需要的東西，並對它還能換回點錢感到高興？

記者：可是我仍認為你在尋找可利用的人。否則，你為什麼去買已取消抵押品贖回權的財產？難道一個人被取消抵押品贖回權不是因為他們正陷入嚴重經濟困境嗎？

羅勃特：是的，以這種角度考慮問題的確可以推出這種觀點，但事實上是銀行之所以取消這些人的抵押品贖回權，是因為他們沒有信守與銀行的合約。不是我取消了他們的抵押品贖回權，而是銀行。

記者：好的，我明白了你所說的。但我仍認為這是富人剝削窮人和弱者的另一種表現。那麼在你尋找到急於出手財產的賣家，或銀行已取消抵押品贖回權的財產後，還會幹些什麼？

羅勃特：我要做的下一件事是記錄數位並看看IRR（內部收益率）是否理想。

記者：IRR為什麼會這麼重要？

在說完「IRR」後，我知道我又陷入了麻煩。或許我應該說「ROI」（投資收益率）或「現金收益」。我感覺到我無法用此類語言來說服這位記者，我需要迅速改變語言方式，我需要用富爸爸用過的簡單定義，以便我們能重回話題之上。

羅勃特：我前面已說過，投資者的目標就是買入並持有。IRR或者叫內部收益率很重要，是因為它測量了我能以多快速度收回我的原始資本，或叫作「首付款」。我希望我的原始資本能快速收回，那樣，我可以用它再買另一項資產。

記者：那麼債務呢？難道你沒興趣償還債務嗎？

進行到這裡，我知道採訪該結束了。我放棄了說教的可能性，只是簡單地說這是存在於我頭腦中的投資公式在起作用，並讓他決定他該如何寫這篇報道文章。

羅勃特：是的，我的目標不是清償債務，我的目標是增加債務。

記者：增加債務？你為什麼會想到增加債務？

如我所說，我知道一涉及此觀點採訪就該結束了。當我談到共同基金可能帶來的稅收風險時，分歧就已很大了。他不喜歡我這麼簡單地評價共同基金，是因為他退休金賬戶中所有的錢都放在共同基金上。我們交流的隔閡是在不斷拉大，而不是縮小。此外，談到投資問題，我可以說我們所使用的語言不僅不同，而且簡直是站在對立的兩邊。

但最後，他令人驚奇地寫了一篇關於我的投資理念的精確報道，儘管他不同意這些觀點。他甚至在文章發表之前將稿子給我看以徵求我的意見。我給他寫了一封感謝信，並附上我對文章的認可。

文章寫得非常好，我沒有作任何改動。但隨後他打電話給我，告訴我編輯不同意發表這篇文章，因為編輯弄不明白。

## 為什麼能不花錢地賺錢？

常有人問我：「為什麼能不花錢地賺錢？」而我通常的回答是：「金錢是一種觀念……觀念被語言定義。所以你愈能謹慎地選擇你使用的辭彙，你就有更多的機會去改善你的財務狀況」。

我回憶起八〇年代聽R·巴克明斯特·富勒博士演講的情景。在那次演講中，巴克首先談到了語言的力量。

他說：「語言是人類發明的最為有力的工具。」作為一名高中時期英文不及格的學生，我對語言這門課一直持悲觀態度，直到我聽了這位大師談文字的力量。他的演講幫助我認識到，富爸與窮爸爸間的差異，乃起源於他們語言上的差異。如前所述，我的親生父親使用的是學校老師的語言，而富爸爸用的是公司和投資語言。

## 致富第一步

當人們問我為改變他們一生的財務地位該做些什麼時，我說：「致富的第一步是在你的詞彙中加入財務語言。

換句話說，如果你想富，請從豐富你的辭彙開始。」我也告訴他們英語由兩百萬個單詞組成，每個人平均只能控制五千個。隨後我說道：「假如你真的想致富，定下學一千個財務單詞的目標，你就會比那些不使用這些單詞的人富有。」我還會附加一句話提醒他們：「但一定不要只知道這些詞的表面定義。在你的理解中加入智力、情感、體力和精神因素。如果你已掌握你的財務辭彙，你的自信心就會提高。」最後我說：「關於時間投資的最大好處是『辭彙的學習是免費的』」。

## 辭彙讓你用心看到了用眼睛看不到的東西

智力是一種能夠明察秋毫的能力。辭彙讓你用心看到了用眼睛看不到的東西。例如，資產和負債存在著不同，但大多數人意識不到這種差異，只知道這種差異會對一個人一生的財務結果產生巨大影響。

在前幾本書中，我寫到了三種不同的收入類型：工作收入、被動收入和證券組合收入，他們同在「收入」這個詞的蔽護下，但每種收入間的差異卻相差巨大。當你對孩子說：「上學，取得好成績，找工作」時，你是在鼓勵孩子為工作收入而工作。工作收入所帶來的最大問題是它是三種收入中繳稅最高的，並且你對稅收的控制力最弱。

富爸爸建議我為被動收入辛勤工作，這部分收入主要來自不動產。它是三種收入中納稅最少且最具稅收控制力的收入。證券組合收入主要是來自證券資產的收入，被認為是第二好的收入類型。正如你已被告知的那樣，這些名詞的差別並不大，但對一個人的財務成績單所產生的結果卻是令人瞠目結舌的。

## 富人的收入

當你看一個人的財務報表時，從上面你可以看出這個人把哪種收入看得最重要。不管能賺多少錢，靠工資收入致富太困難。如果你想富有，你就要學會如何把工作收入轉化為被動收入或證券組合收入。這就是富爸爸教他的孩子所做的事。

## 數字進一步定義了差別

在單詞後面加上精確數字後，你思想上的震撼會更大。如大多數股票投資者知道的那樣，市盈率為十的股票和市盈率為十五的股票差異很大。而許多老練的投資者並不僅僅憑市盈率的高低買股票，他們還需要更多的文字說明和更詳細的數位。

下面兩個人在對同一件事的語言表述卻如此迥異。一個人說，「我們的公司上個月賺了一大筆錢。」

另一個人說，「我們公司上個月總收入為五十萬美元，邊際淨利潤達到百分之二十六。與前一個月的銷售額相比，增加了百分之十二，同時運營費用減少百分之六。」顯然，後一句話提供給我更多資訊，使我能夠進一步分析是否投資於該公司。這條附加資訊，加上公司的市盈率，對投資者來說，就可以減少投資風險並增加賺錢的機會。

## 交流的力量

擁有大量財務辭彙並結合對數字的理解能帶給你的孩子一生中一個好的財務啟蒙。我個人認為學校令人厭煩的原因之一，是學習沒有數字說明的單字。在英語課上學習如何使用單字，在數學課上學習如何使用數字。把二者分裂開來，這讓我覺得厭倦並與我的現實生活沒有任何關聯。

當富爸爸教我如何在玩「大富翁」遊戲中進行投資時，我獲得了全新的辭彙，我發現我喜歡做數學作業。我所做的只是把一美元填在數字檔，可我對語言和數位的興趣卻日益高漲。當孩子們玩「現金流」遊戲時，他們學習到了全新的財務辭彙，與此同時，他們在無意識中開始喜歡數學。

窮爸爸稱語言和數字的結合為「交流的力量」。作為一位學者，他對如何和什麼能使人們進行交流深感興趣。

他觀察到當人們在分享對同一個單字的理解，並興奮地揣測每個單字間的差異時，彼此間的交流會特別活躍，他對我說：「交流一詞的詞根是『社區』。當人們欣賞同一類語言方式時，社區就形成了。若人們不願分享同一類語言，或對它們的內涵無興趣，人們就會不被這個封閉的社區所接受。」

今天，我發現人們在談論計算機時會使用一些單詞如「**megabyte**」或「**gigabyte**」，喜歡和瞭解 **byte** 的人，以及知道 **mega** 和 **giga** 間的不同是這群人的共同點。如果你不喜歡這些單詞或不瞭解它們的不同，你就不會是該群體中的一員，這就是語言和數字的力量，它們可以吸納你，也可以排斥你。

給予你的孩子財務頭腦啟蒙的方式之一，是開始教你的孩子有關金錢的語言，並讓他們瞭解單字間的差異。

如果你這樣做了，他們就會有可能融入理財高手的群體之中。如果他們沒掌握這些語言且不理解它們，就有可能被排斥於該群體之外。

記住富爸爸的話：「資產和負債之間差異巨大，雖然它們只是兩個簡單的單詞。如果你看不到這兩個單字間的區別，那麼差別就會體現在你的財務報表中，你也就不得不辛勤工作終生。」

我也說過：「確信你的孩子知道資產和負債的區別，他們應被給予一生中一個好的財務啟蒙教育。」

# 第十四章　零花錢作什麼用？

前幾天，我看到一位朋友給了他孩子一百美元。孩子接過來，放進口袋中，轉過身，什麼都沒說就走了出去。

我的朋友隨後說道：「你不想說些什麼嗎？你難道連句『謝謝』都不說？」

這個十六歲的男孩轉過身說道：「謝謝你什麼？」

「給了你一百美元。」父親說。

「這是我的零花錢，」男孩說，「我應得的，而且學校裡的其他孩子比我的還多。但如果你想讓我說『謝謝』，我會說的。謝謝你。」這個男孩把錢往口袋裡又塞了塞，走出房門。

這是今天許多的年輕人都有的「理所應當」的心理的典型例子。不幸的是，我看到這一切發生得太頻繁了。莎朗·萊希特稱之為「父母已成了孩子們的自動取款機」。

## 金錢是一種教具

「金錢是一種教具，」富爸爸說，「用它可以訓練人們做很多事。我所做的僅僅是在空中晃動著一些美元，人們就會有反應。這就像馴獸師用誘餌訓練動物一樣，金錢在很多方面能於人身上產生這種效應。」

「這樣看待金錢和教育是不是有點殘酷？」我問道，「你讓這一切聽起來殘酷而沒有人性。」

「我很高興你這麼說，」富爸爸說，「我想讓這一切聽起來殘酷卻沒有人性。」

「為什麼？」我問。

「因為我想讓你意識到金錢是一把雙刃劍，我想向你展示金錢的力量。我希望你知道這種力量並尊重這種力量。如果你尊重它，你就會在擁有金錢時，不濫用金錢的力量。」

「為什麼說金錢是一把雙刃劍呢？」我問。我已十七歲且已進入高中二年級。多年來，富爸爸一直在教我如何獲得、留住和投資金錢。現在他正開始教我關於金錢的新東西。

富爸爸從口袋裡拿出一枚硬幣。舉著它，他說道：「每個硬幣都有兩面，記住這句話。」

他把硬幣放回口袋後，說道：「讓我們到市區去。」

十分鐘後，富爸爸找到了一個停車位並向停車場收費箱中放了一些錢進去。「快五點了，我們得快點。」

「急著幹什麼？」我說。

「快點，你會看見的。」富爸爸邊看路邊說，然後他帶我匆忙穿過一條街。

一旦穿過這條街，他和我站在那兒就能看到路旁排成一排的零售商店了。突然，就在五點鐘，商店開始關門了，顧客忙著最後結賬，雇員開始走出店門並對商店的店主說「晚安」和「明早見」。

「看到我所說的了嗎？」富爸爸說。

我沒有反應。我正在看富爸爸想讓我上的課，可我不喜歡這堂課。

「現在你是否明白我所說的『金錢是一種教具』的涵義？」富爸爸問道。此刻他和我正走過已關了門的商店。安靜而荒涼的街道令人產生冰涼和空曠的感覺，偶爾富爸爸會停下來，凝視他認為有趣的櫥窗。

我保持沉默。

在回程中，富爸爸又問我這個問題：「你明白了嗎？」

「明白了，」我答道：「你是說每天起床上班是件很糟的事？」

「不，我並沒說任何事情的好與壞，我只想讓你知道金錢的巨大力量，以及金錢為什麼是教具。」

「請解釋教具。」我說。

富爸爸想了一會兒，最後他開始說，「在錢出現之前，人類作為狩獵者流浪，靠土地和大海為生。基本上，上帝和大自然提供了我們生存所需要的任何東西。但隨著人類文明程度的提高，以及交易貨物和服務的不方便，金錢變得愈來愈重要。今天，那些有能力『控制金錢』的人，比仍在交換貨物和服務的人更有力量。換句話說，錢接手了這場遊戲。」

「你說『錢接手了這場遊戲』是什麼意思？」

「大約在幾百年前，人類還不真正需要金錢生存。自然提供給你一切。你想吃菜，可以自己種；如果需要肉，你就可到森林裡打獵。而今天，金錢賦予你活著的可能。顯然，在城裡一居室的公寓中，或郊區的院子裡以種菜謀生存是太困難了。你不可能用番茄支付電子賬單，政府也不可能接受你射死的鹿的鹿肉作為稅款。」

「就是因為人們需要錢換回生活必需的貨物和服務，你才會說錢已接手了遊戲。金錢和生活已密不可分。」

富爸爸點頭道：「在今天的世界裡，沒錢是很難生存的。金錢和個人生存的關係密不可分。」

「這就是你為什麼說金錢是教具的原因。」我靜靜地說：「因為金錢已與個人生存相連，如果你有錢，就能教人們去做他們可能不想做的事，例如每天起床上班。」

「或者是努力學習以便你能找到好工作。」富爸爸笑著加了一句。

「難道受到良好培訓和教育的工人對我們的社會不重要嗎？」我問。

「非常重要。」富爸爸說，「學校提供了醫生、工程師、警察、消防員、秘書、美容師、飛行員、士兵以及其他專業人士，從而使我們的文明社會更加文明，我並不是說學校不重要……我希望你們能繼續上大學，即使你們並不想上。但我還是想讓你們明白金錢是如何成為一種強有力的教具。」

「現在我明白了。」我說。

「有一天你會成為富人，」富爸爸說，「我想讓你意識到一旦你獲得金錢，你將擁有的力量和責任。你不要用你的財富使人們變成金錢的奴隸，而是要幫助人們成為金錢的主人。」

「就像你教我的這樣。」我說。

富爸爸點點頭。「隨著我們的文明社會愈來愈依賴金錢，金錢控制我們靈魂的力量也愈來愈大。就像你可以用狗糧教狗一樣，你也可以用錢教人們終生馴服並努力工作。太多為錢努力工作的人僅僅是為了生存，而不是為了提供使我們的文明社會更加美好的貨物和服務。這就是金錢成為教具的力量。這種力量有好與壞兩面。」

## 用錢可教你的孩子些什麼？

我對有多少年輕人有他們理所應當得到錢這個觀念很好奇，我知道不是所有的孩子都有這種觀念，但我注意到愈來愈多的年輕人持有這種態度。我還注意到許多父母用錢來減輕罪惡感。因為家長們整日忙於工作，於是他們中一些人就用錢來替代愛和關心。我還注意到凡請得起全日制褓姆的父母都會為孩子請一個。不斷增加的擁有自己公司的單身母親會帶著孩子上班，暑假時尤其如此。但仍有很多孩子被獨自一人留在家裡，他們被稱為「掛鑰匙的孩子」。從學校回到家後的幾小時裡會沒人管他們，因為父母還在上班……辛勤工作就為了解決溫飽，正如富爸爸所說：「錢是一種教具。」

## 交換的重要性

父母能教孩子的關於金錢的重要一課是「交換」的概念。交換一詞對富爸爸而言非常重要。他會說：「只要你願意用有價值的東西交換你想要的東西，你就可以得到它。換句話說，你給予的愈多，得到的也愈多。」

我收到許多人要求我作導師的請求。幾年前，一位年輕人打電話問是否能和我一起共進午餐，我拒絕了。但這個年輕人很固執，所以最後我就同意了。午餐結束時，年輕人問我：「我願意讓你作我的導師。」我謝絕了，但他用比堅持請我出來吃午飯更堅決的口氣請求我答應他。

最後我問他：「如果我同意，作為導師你希望我做些什麼？」

他答道：「我想讓你帶我參加你的會議，每星期在我身上至少花四小時告訴我如何投資於房地產。我想讓你教我你所知道的一切。」

我對他的要求思考了一會兒，然後說：「你會給我什麼以作為交換呢？」

年輕人對這個問題猶豫了一下，然後直了直身子，綻開他極富魅力的笑容說：「什麼也沒有。我沒有任何東西，這就是我讓你教我的原因，正像你富爸爸教你那樣，你也沒付給他什麼，對嗎？」

我呆靠在椅子上，瞪著這位年輕人：「所以你要讓我花些時間免費教你我所知道的內容。這就是你想要的？」

「對，當然。」年輕人說，「你又能希望我做什麼呢？付給你我還沒有的錢？如果我有錢，我就可以當別人的老師了，可是我現在在請你教我，教我致富。」

笑容重回我的臉上，坐在富爸爸桌子對面的舊日情景重現在我的腦海中。這次我坐在富爸爸的位置上，被要求按富爸爸教我的方式來教他。我站起來說：「謝謝你的午餐，但我的回答是『不』。我對成為你的導師沒有興趣。但我正在教你非常重要的一課。假如你從這堂課中學到了該學的東西，你將會成為你希望成為的富人。理解這堂課，你會找到你尋求的答案。」侍者拿著賬單走過來，我指著年輕人說：「他買單。」

「但答案是什麼呢？」年輕人問，「告訴我，給我答案。」

## 一周十次邀請

常有人請我作導師。我注意到這些邀請的共同之處，是幾乎沒有使用最為重要的商業辭彙，這個辭彙就是「交換」。換句話說，假如你想得到什麼，就應考慮拿什麼來進行交換。

假如你已讀過《富爸爸，窮爸爸》一書，你會記得富爸爸拿走我每小時十美分，並讓我為他免費工作的故事。如我所說，對一個九歲的男孩來說，免費工作是很有效的一課，它永遠地影響著我的生活。富爸爸拿走每小時十美分並不是殘酷。他透過拿走錢來教我成為富人的最重要一課——交換的課程。如富爸爸所說：「錢是一種教具。」他同時是在說缺少錢也能成為一種有力的教具。

在我上著免費工作這堂課的多年以後，我問富爸爸若我不同意免費工作，他是否還會教我。他的回答是：「不，絕不。當你要求我教你時，我就想瞭解你是否願意給予我一些東西以進行交換。如果你不願意給予什麼作為交換的話，那麼我對你的拒絕便是我教你的第一課——那些希望什麼也不付出而學到東西的人，通常在現實生活中什麼也得不到。」

在《富爸爸，提早享受財富》一書中，我提到當我請求彼得成為我的導師時發生的小故事。彼得最後同意了我的請求，但他要求我做的第一件事是自費去南美為他調查金礦一事。這是另一個交換的例子。如果我不同意去南美，或要求他支付我的費用，我相信彼得永遠都不會答應做我的導師的。這也證明我想向他學習的堅定決心。

## 課後隱藏的課程

對閱讀此書的大多數人來說，交換一課易於理解。但此課之後還隱藏了另外一堂課，這就是富爸爸拿走我那每小時十美分的工錢之後教給我的課程。這是大多數人都沒認識到的一課，對想致富的人來說，這是極為重要的一課。在你孩子幼年時教他們此課極為重要。

許多富人知道這一課，尤其是靠自己賺得財富的人知道此課。可是大多數辛苦工作的人並不知道這一課。

富爸爸對我說：「大多數人不富的原因是他們被教導去尋找工作。但假如你只想尋找工作，致富幾乎就是不可能的。」富爸爸繼續解釋說，「若人們找到他並問我為你做這份工作，你會付給我多少錢？那麼，這麼想和說的人可能永遠都不會富。假如你四處尋找能支付你的人，你永遠都致富無望。」

《富爸爸，窮爸爸》一書中，富爸爸拿走我的每小時十美分，僅是這四本書中的一個故事，但正是書中的這個故事，使富爸爸「交換」一課後面隱藏的真正的課程顯現出來。免費工作之後，我開始從不同的角度看問題，我開始尋找商業和投資機會而不僅僅是一份工作。我的大腦正在被訓練去看別人看不到的東西。一旦我得到了富爸爸商店裡將被扔掉的小畫冊，我就開始學到了富爸爸成為富人的最大秘密之一。這個秘密就是不要為錢工作，不要期望去找工作以便得到工資。富爸爸隨後對我說：「大多數人無法致富的原因是他們已被訓練出為他們所做的工作索要報酬的思維路徑。假如你想致富，就需要按你能為多少人提供服務的模式思考。」當我停止為每小時十美分工作時，我就停止了為富爸爸工作以獲取報酬的想法，並開始尋找為更多的人服務的道路。一旦我開始用這種方式思考，我就開始按富爸爸的思維模式進行思考了。

## 一天僅有那麼多小時

今天，大多數年輕人上學並學習一項技能以便日後尋找工作。我們知道一天僅有二十四個小時。如果我們按小時或按其他時間測算方式，出賣勞動力，我們在一天中所擁有的時間是有限的。而有限的時間又限制住我們所能賺的金額。例如，一個人每小時賺五十美元，一天工作八小時，那麼此人每天最多能掙四百美元，每周則為兩千美元。一周有五天工作日，此人一月可賺八千美元。這個人增加所賺金額的唯一方式是增加工作時間——這就是為什麼美國政府統計部門宣佈：每一百位六十五歲的人中僅有一位是富人的原因。大多數人被培養成去工作以獲得工資的思維方式，而不是去思考自己能為多少人服務。富爸爸常說：「你為之服務的人愈多，你就會愈富。」

許多人被培養成僅為一個雇主或一定的顧客服務。富爸爸說：「我成為商人的原因是我想為盡可能多的人服務，他常會畫下面這張現金流象限圖以強調他的觀點。」（引自《富爸爸，有錢有理》）

指著象限的左邊，他會說：「這邊是靠體力付出獲得成功的。」指著象限的右邊，他說：「在這邊成功需要財務工作。」他繼續說道：「體力工作和財務工作之間差異巨大。」換句話，在你用體力工作和用你的錢做財務工作之間存在極大的差異。富爸爸還說：「我工作的體力越少，我為之服務的人數就越多，作為交換，我賺錢就越多。」

寫《富爸爸，窮爸爸》一書的最初目的，是尋找為盡可能多的人服務之路，並且我知道如果我這樣做，就會賺一大筆錢。在寫此書之前，我教過此類課程並收上千美元的學費。雖然我正在賺錢，可我僅僅是為少數人服務，故而慢慢變得意興闌珊並想脫離這個過程。一旦認識到我需要為更多的人服務，我知道我應該寫書而不僅僅是空口說說。

今天，同樣的課只花不到二十美元。我為幾百萬人服務，雖然很少工作，可我賺錢很多。所以多年前拿走我每小時十美分的這堂課繼續在發揮作用。發揮作用的原因是富爸爸致富的課程之後隱藏的主題是為盡可能多的人服務。如他所說：「大多數人離開學校去尋找高薪工作，而不是尋找為盡可能多的人服務之路。」

對富爸爸教我如何為盡可能多的人服務一課感興趣的讀者，但在第三本書《富爸爸，提早享受財富》中找到這一課。這堂課在B—I三角形中教授，而B—I三角形就是一個指導人們提出想法並把這些想法變成幾百萬美元以便為更多的人服務的結構。許多人都有能使我們的世界更加美好的偉大想法，但問題是大多數人在離開學校時沒學會將這些想法變成現實的必備技能。

富爸爸不是讓我們找工作，而是教他的兒子邁克和我建立為更多的人服務的公司。他說：「如果你建立了能為幾百萬人服務的公司，作為你努力的交換，你將成為百萬富翁。如果你為上億人服務，你將成為億萬富翁。這是最簡單不過的交換。」也是第三本書中講的內容，即建立一個有可能為幾百萬人，甚至上億人服務的企業，而不是為一個雇主或少數顧客服務。富爸爸說過：「你可以透過嫁給有錢人致富，也可以透過吝嗇、貪婪和詐騙致富。但致富最好的方式是慷慨，我所遇到的一些最富的人都很慷慨。他們沒有考慮自己該被支付多少，而是考慮能為多少人服務。」）

## 我該付給孩子多少錢？

我常被問到下列問題：

- 我該給孩子多少零花錢？
- 我是否該停止支付孩子們所做的任何事情？
- 孩子成績好，我就給他們錢。你贊成這種做法嗎？
- 我是否該告訴孩子不要在球場工作？

對此類問題我的常規回答是：「如何補償孩子取決於你。每個孩子不同，每個家庭也各不相同。」我只想提醒你記住富爸爸的課程，並記住金錢是一種很有力的教具。如果你的孩子希望不付出什麼就得到錢，那麼也許他們的生活將是一無所有的生活。如果你的孩子僅為得到工資而學習，那麼若你不為他或她的學習付工資時，會發生什麼事呢？這是謹慎使用金錢為教具的問題。

因為雖然錢是一種很有力的教具，但對你的孩子來說，還有更多要學習的東西。課後隱藏的課程更加重要，其中之一就是關於服務的課。

## 慈善在家中開始

我的爸爸媽媽都是非常慷慨的人，但他們和富爸爸慷慨的方式不同。作為夏威夷島教育長官，爸爸下班回家後，與孩子們一起吃晚飯，一周參加ＰＴＡ（家長教師聯誼）會議兩到三次。

還是孩子時，我記得晚飯後我站在廚房窗戶前向外揮手，望著爸爸駕車而去。他在按自己的方式為盡可能多的家庭服務。許多次他坐車到一百英里以外的地方開會直到很晚才回來，而他只能在早上才能看到並祝福他自己的孩子。

媽媽經常帶孩子一起參加教堂裡銷售麵包和捐贈物品義賣的活動。她極願意奉獻她的時間並要求她的孩子們也這麼做。作為一名註冊護士，她也定期為美國紅十字會工作。我記得在洪水和火山爆發的大災難中，她和爸爸一天到晚出去，為需要的人服務。當他們有機會參加甘乃迪和平公司時，他們立即投入其中，即使報酬十分微薄也在所不惜。

富爸爸和他的妻子有許多觀點與我的媽媽和爸爸觀點相同。他的妻子在婦女俱樂部裡異常活躍，常為值得的事情捐錢。富爸爸定期向教堂和各種慈善機構捐款，並資助兩個非盈利性機構的董事會。

我從這兩對父母身上認識到無論你是社會活動家還是資本家，慈善都應從家中開始。假如你想讓孩子們變富，教他們為盡可能多的人服務是無價的課程。正如富爸爸所說：「你為之服務的人愈多，你就愈富裕。」

## 第三部分

# 發現孩子的天賦

富爸爸堅決鼓勵他的兒子和我，透過為盡可能多的人服務這一方式致富。他會說：「若你把心思全花在僅為自己賺錢上，你會發現致富太難了。如果你不誠實、貪婪和付給人們的報酬少於他們應得的，你也會發現致富很難。你可以透過這些方式致富，但財富的價格很高。但是如果你把業務目標首先放在為盡可能多的人服務上……一心想讓他們的生活更容易些，你就會找到鉅額的財富和快樂。」

窮爸爸堅信每個孩子都具有天賦，即使這個孩子在學校裡功課不好。他認為天才並不一定是坐在教室裡並知道所有正確答案的人，他也不認為天才比別的人聰明。他堅信我們中每個人都有天賦……而天才只不過是那個足夠幸運能發現他或她的天賦，並找到了釋放天賦的方式的人。

為了使他的關於天才的課程更加有趣，窮爸爸給我們講了一個故事。他說：「在你們每個人出生之前，便被給予了某種天賦。問題是沒人告訴你你已被賦予了天賦，也沒人告訴你當你發現它時，該怎樣利用它。在你出生後，你的工作是發現你的天賦並發揮它……為每一個人。假如你發揮你的天賦，你的生活將會充滿神奇。」

窮爸爸按這種方式寫下了天才這個單字：

GENI-IN-US（我們身體內的精靈）

他繼續著他的故事：「天才就是發現了藏在他或她自己身體內的精靈的人。就像阿拉丁發現了瓶子裡的精靈那樣，我們每個人都應發現藏於我們自己身體內的精靈，這就是天才這個單字的來歷。天才是在他或她自己的身上發現了精靈的人，天才是發現了他或她被給予的天賦的人。」

窮爸爸隨後還會加上他的警示語：「若你發現了你的精靈，你的精靈會讓你進行三個願望的選擇。它會說，第一個願望是『你願意僅把你的天賦留給自己嗎』？第二個願望是『你願意把你的天賦送給你所愛的人和與你親密的人嗎』？而第三個願望是『你願意把你的天賦給所有的人嗎』？」

顯然，對我們這些孩子來說，會選擇第三個願望。窮爸爸的課總會這樣結束：「世界充滿了天才。我們每個人都是天才。問題是，我們中大多數人都把自己的天賦深鎖於瓶子內。還有太多人選擇僅為自己或自己所愛的人發揮天賦。只有當我們選擇了第三個願望時，精靈才會從瓶子中出來。當我們選擇發揮出我們的天賦時，魔力才會出現。」

兩個爸爸都相信給予的魔力。一個爸爸透過建立為盡可能多的人服務的事業來找到魔力，另一個爸爸則盡力去發現我們被賦予的天賦，發現深藏在我們身上的精靈，並讓精靈的魔力從瓶子中釋放出來。

當我還是個小孩時，兩個爸爸的課對我發揮了作用。兩個故事給了我生活、學習和給予的理由。聽起來也許很傻，可作為九歲的孩子，我相信在我的體內的確有一個精靈，我還相信魔力……現在我仍確信不已。否則，一個由於不會寫作文而將要留級的孩子怎麼能寫出一本國際暢銷書呢？

本書最後一部分獻給你孩子的天賦。

# 第十五章　如何發現孩子的自然天賦？

我們中的大多數人會被問：「你是哪個星座的？」

如果你是天秤座的，你就會說：「我是天秤座的，你呢？」

我們中大多數人都知道自己的星座，就像我們中大多數人都知道有四個主要的星宮組：土、氣、水、火。同時也知道共有十二個星座：處女、天蠍、巨蟹、摩羯、寶瓶、白羊、雙子、金牛、獅子、射手、雙魚和天秤。

除非我們是星相專家，否則我們中大部分人都不可能完全知道所有這十二個星座的性格特點。

但是我們通常都知道自己星座的性格特點，甚至還知道幾個別的星座。例如，我是白羊座，我的很多行為與星相圖中對白羊座的人的描述非常吻合。而我的妻子是寶瓶座，她也有那些普遍的傾向性特徵。知道我們之間的不同有助於我們彼此相處，因為我們都能更好地瞭解對方。

我們中很少有人認識到人與人之間不僅有性格差異，而且還有學習特點的不同。現行教育體制讓許多人痛苦的原因是，我們的學校體制僅僅適用於一部分人的學習特點。如果你想發現屬於你的獨一無二的學習方式和你的天賦的話，本章將闡述不同的學習方式，並幫助你發現你孩子，甚至你自己的學習方式。

本章還解釋了為什麼許多在學校學習很好的人，在現實世界中卻並不得志的原因，以及與之正好相反的事例。

## 不同的青蛙有不同的游姿

我們中大多數人都聽過這句話，「不同的青蛙有不同的游姿。」本人對此也深表贊同。我五歲時，我家和鄰居家一起到海濱遊玩。突然，我抬起頭，看見我的朋友威利正在水中拚命掙扎。

他掉進深水裡，因為不會游泳，就快要被淹死了。我拚命地又喊又叫，終於吸引了一個高中生的注意，於是他跳進水裡救了威利。

在這次幾乎致命的事故之後，兩個家庭決定所有的孩子應接受正式游泳訓練。很快，我出現在公共游泳池學習游泳，可是我討厭它。待不了多久，我就會跑出池子，躲進帶鎖的房間裡，因為我不會正規地游泳，很害怕被教練大聲訓斥。從那時起，我就恨透了淡水游泳池中的漂白水味。

幾年後，我在大洋中學會了游泳，因為我喜歡刺魚和捉蛤蠣。十二歲時，我開始用身體衝浪，繼而是在帆板上衝浪，但我仍不會正規的游泳方法。

而威利卻學會了像一條魚似地游泳，並很快參加了夏威夷的游泳比賽。高中時，他參加了州游泳錦標賽。雖然沒有贏，但這個故事卻告訴了大家他是如何從幾乎溺水身亡這一事件中汲取教訓，並將它轉化為個人愛好的。

他的事故促使我的家庭強迫性地把我送進游泳班，但我卻學會了憎惡游泳池和永遠不學習正規的游泳方法。

當我去紐約上學時，我們被要求在游泳池中參加游泳考試，我失敗了。雖然我會刺魚、潛水游泳和在冬天的大海浪中衝浪，可是我的游泳課卻不及格，只因我不懂正規的游泳方法。

我記得曾寫信給家裡，並試圖向朋友們解釋我正在上游泳課的原因，是因為我游泳考試不及格。

這些朋友是多年來和我一起在夏威夷最危險的海域裡游泳的朋友們。

好消息是我終於學會了在淡水池子中，用正規的狗爬式和自由式姿勢游泳。在那之前，我一直都是用俯泳和側踢腿的側泳結合的方法游泳的，而我的游姿卻絲毫吸引不了游泳教練。

問題的關鍵是儘管我不會在淡水池子中按正規方法游泳，但我卻能夠在大洋裡，甚至是非常險峻的洋面上，很舒服地游泳。我仍不是個好的游泳者，但我在海洋裡的感覺如同在家中一般。

我知道很多在游泳池中能用標準姿式游泳的人卻害怕兇險的大海、激流、潮流、回頭浪和大浪。如諺語所說：「不同的青蛙有不同的游姿。」

## 不同的學習方式

剛才的內容並不是討論我缺少游泳才能，而是要說明我們的學習方式各不相同，做的事也不一樣。

雖然現在我可以按正規姿勢游泳，但是我發現自己還是更喜歡用自己的游法。我從未像威利那樣參加過游泳比賽，更沒有用我引以為傲的姿勢去得獎，但我一直在用適合自己的方式做事——我認為這是我們中大多數人的方式，我們知道我們該做什麼，可是我們更願意按自己喜歡的方式做事。一樣的道理，你們的孩子也正在使用同樣的學習方式。

## 如何發現孩子的天賦

為發現孩子的天賦，你首先要發現他們喜歡如何學習和他們為什麼要學這些東西。例如，我不學游泳是因為我不想學習游泳。我學游泳是因為我想衝浪。如果不是為了衝浪，我對學習游泳毫無興趣，而強迫我學只會讓我更討厭游泳。相反，我不是和其他孩子一起在淺水池內開始我的游泳生涯，而是直接跳進深水裡學習生存。同樣的事情還有學習閱讀財務報表。

並不是因為我想成為會計師而學習會計，我學習基礎會計知識是因為我想致富。如果你認為我的游泳姿勢很醜，你就應該看我的會計賬。

窮爸爸意識到我不是個學術天才，所以他鼓勵我尋找自己的學習方式。他沒有強迫我遵守和依從傳統的學習方式，而是鼓勵我「跳進深水裡，為我的人生游泳。」他並不殘忍，他只是認識到我的學習方式就是我學習的方式，他想讓我按我能學得最好的方式學習。就像我的游姿不漂亮一樣，我學習的方式也不漂亮。

其他人按更傳統些的方法學習。許多人上學校，他們喜歡教室、喜歡按預先安排好的課程表上課。許多人高興地知道在課程結束時，他們會得到獎勵。他們樂意知道由於自己的努力，將透過考試和拿到學位。

如我所說，他們喜歡這種計劃結束時的獎勵確定性。就像我的朋友威利游泳很好是因為他喜歡游泳一樣，許多人在學校裡表現很好是因為他們喜歡學校。

人們在生活中成功的關鍵，是發現他們如何學得最好的方式，並確信他們生活在能讓他們按學得最好的方式學習下去的環境裡。問題是，發現我們的學習方式以及自然天賦所在是件很偶然的事。

許多人可能終生發現不了他們的天賦。一旦他們離開學校，找到工作後，由於家庭和財務原因，就會中斷這一自我發現的過程。如何發現一個人的學習方式和其獨一無二的天賦是至今也沒弄清楚的疑問。

## 科爾比指數（Kolbe Index）

我曾和一個朋友聊天並向她解釋我討厭坐辦公室。我向她解釋說，雖然我有幾幢辦公大樓，可我卻從沒一間正式的辦公室，「我只是討厭被鎖在房間內。」我說。

我的朋友笑著說道：「你測過科爾比指數嗎？」

「沒有，」我答道，「那是什麼？」

「是一種可測量你的自然學習方式或工作模式的儀器。它還可測量你的天性，或自然天賦。」

「我從未聽說過這種特殊的指數，但我已進行了很多此類的測試。」我說，「我發現他們很有用，但不知它是不是類似我以前用過的儀器？它是否能發現更多的關於我的星座的東西？」

「噢，是的，有相似之處，」我的朋友說，「然而也有一些不同，科爾比指數能給你一些其他測評不能給你的東西。」

「是什麼？」我問。

「我已說過了，它能指出你的天賦和你的自然學習方式。它也告訴你你將做什麼或不做什麼而不是你能做什麼或不能做什麼。」我的朋友答道，「科爾比會測量你的自然天性，而不是你的智力或性格。科爾比指數會告訴你其他測試沒有告訴你的一些獨有的事情，畢竟它測試的是你是誰，而不是你認為你是誰。」

「天性？」我說，「它能怎樣幫助我呢？」我幾乎迫不及待地想參加這個測試了。

「先瞭解個大概，隨後我們再細談它。事實上，凱西・科爾比——指數的發明者，就住在鳳凰城。你測試完以後，我會安排你們兩個見面。你可以自己看一看這個儀器是否和我所說的一樣。」

「我怎麼參加測試？」我問。

「到網站就可以參加測試了。我想你得花五十美元，並花幾分鐘回答三十六個問題。」她答道。

「我什麼時候可以得到結果？」

「立刻，」我的朋友說，「你一答完問題，就可以得到結果，我還會安排你和凱西的見面。她並不常見客人，但她是我的朋友，我會告訴她你也是我的朋友。」

我同意了。幾分種後，我得到了科爾比指數，結果請見下頁插圖。

我發現這個結果很有趣，但因為知道要和指數的發明者一道吃午飯，我決定等待並聽她怎麼說。

三天後，凱西和我一同共進午餐。看了我的指數後，她說，「你透過冒險而倍感精力充沛，是嗎？」

我呵呵地笑了起來，凱西的聲音聽上去可愛、充滿善意。她在講這句話時，帶著理解和感情，我可以斷定她知道我是誰，儘管我們是初次見面。「你怎樣來說明呢？」我問。

「你的精力與天份吻合，這就告訴了我你的工作模式。對你而言，就是『快速開始』（Quick Start）和『實施者』（Implementor）線條促使你採取行動。」她笑著說，「圖表中的線告訴我你本能地尋求冒險。你天生地傾向於它們，對嗎？」

我點了點頭。

「你曾身陷危險嗎？」

「是的，很多次，尤其是我在越南時。你為什麼問這個？」

「你在這種情況下感到興奮嗎？」她問，「在這種情況下，你覺得自己的天性被完全激發以應付所處的危險嗎？」

kolbe.com

home

科爾比 A 指數結果

# Kolbe A™ Index Results

resultsHome

< previous

resultsChart

next >

completeResults

羅勃特 · 清崎

For: Robert kiyosaki

Mo: 2 2 9 6

意動力（對每種行為模式的影響因素）：

**Conative Strengths (Impact Factors for each Action Mode):**

簡化（FF） 適應（FT） 即興（QS） 革新（IM）

**Simplify (FF), Adapt (FT), Improvise (QS), Renovate (IM)**

## 科爾比 A 指數圖
## Kolbe A Index Chart

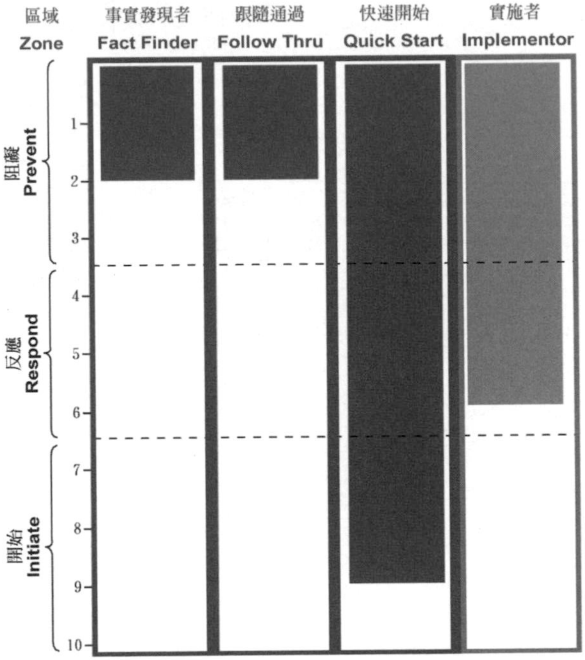

「是的，我喜歡在戰鬥中飛行。」我答道。「那是一種既令人興奮又悲壯的感覺。但我仍喜歡在戰鬥中飛行，一旦回到和平時代的飛行中，我再也找不到那種感覺了。」

「這很有意義，」她說，「從日常的軍旅生活中過渡到返家後的日子是否很困難？」她問，「你退伍返鄉後是否陷入了麻煩？」

「是的，」我說，「你怎麼知道？」

「我知道因為你具備這種才能，能夠同時處理好許多事情。」她文雅地說，「它告訴我你並沒有按程式辦事。你的『迅速開始』和『實施者』結果表明你喜歡冒險並對緊急的感覺感到興奮，所以你在越南會很順利。但你會發現和平時期的軍旅生活太死板、太機械化，你需要刺激。如果你得不到足夠的刺激，你就會去創造刺激。正所謂當你身陷麻煩中時，你會經常和那些試圖讓你規規矩矩地遵守規定的權威人物發生衝突。」

「你也讀過掌紋嗎？」我問。隨後我問她是否是我的朋友告訴了她關於我的一些事情。我有點懷疑，因為凱西對我瞭解得太多了，而我們才剛剛認識。

她說：「沒有。我並不知道你的任何事情。當我向某人解釋結果時，我寧願對他一無所知。我相信我的指數的準確性，我寧肯相信這些指數，而不願聽別人對某個人的描述，或我對他們所說的記憶。」凱西繼續說道，她之所以願意和我見面僅僅是因為她的朋友要求她來，而且她發現與那些真誠地想更多瞭解她的工作的人一起分享她的工作是件很快樂的事。在午餐結束時，我們對彼此都已瞭解了很多，凱西開始和我深入地探討科爾比指數對我的解釋。

她指著我的圖表說，「假如你今天還在學校，你會被打上過動症、注意力不集中的標記，你可能還會被迫服藥以便你能安靜下來。」

「你同意這種治療方式嗎？」我問她。

「不，這不適用於大多數孩子，」她說，「我認為給兒童服藥並給他們貼上雙重的負面標記，對他們的天生的能力及自尊都是極不公平的。它掠奪了他們對自身所持的正常的自豪感。如果你在年輕的時候被人逼下服了藥，可能永遠都發現不了你的人生之路，也不會寫出暢銷書。你或許永遠都找不到你已找到的成功。」

「另一方面，也許沒什麼東西能讓你屈服，」凱西繼續道，「就是說，在今天的學校體制裡，你可能會被認為是問題學生，有缺陷的學生。但這並不意味著你不能學，而是說你無法按學校通常教我們的方法學習。你很幸運，你父親知道這一點，」她說，「我知道你稱你做教師的父親為『窮爸爸』，但他的確在很多方面豐富了你的生活。從許多方面來說，你的成功得益於你的窮爸爸。他很聰明地讓你向富爸爸學習，並鼓勵你按你能學得最好的方式學習，即使就像你承認的那樣，它並不是很漂亮的學習方式。」

點了點頭，我說：「它確實不是很漂亮。」停頓片刻後，我問，「那你如何定義成功？」

凱西笑著說：「我把成功定義為成為自己的自由。這也是你父親為你所做的。他尊重你並幫助你得到成為自己的自由。」

「許多人掉入了試圖成為他們的父母或社會所希望他們成為的人的陷阱。我並不認為這是真正的成功……不論他們成為多富有或多有勢力的人。身為人類，我們有自然地去尋找我們是誰的自由。如果我們不與強迫我們違反天性的人或事抗爭，我們就會失去自尊和違背我們的天賦。」

「對，」我說，「如果我循著我爸爸的足跡，我永遠都找不到成功。高中時，我是被群體排斥在外的人。我與我的老師和同學都合不來。」

「但我打賭你喜歡幼稚園。」凱西微笑著說。

「是的，」我答道，「你怎麼知道？」

凱西又指了指我的測試表說：「對那些『實施者』線很長的人來說，比如你，幼稚園是最棒的地方。實施者會自然地去觸摸東西和建立東西，你的『快速開始』線把你帶入全新事物的體驗中，『跟隨通過』線（Follow Thru）並未佔據這個結構的很多部分。你還沒有進行全面測試，但這個結果很適合你，對嗎？」

我點點頭說，「是的，很適合。今天我們喜歡建立新東西，如新產品。我喜歡不動產是因為我可以看、摸和感覺我的投資。我總對人們說我不會停止玩『大富翁』的，我愛玩。」

凱西笑著指了指表中的「跟隨通過」部分。「但是從一年級到三年級，具有與你不同的跟隨通過線的孩子會過得很順利。」

「為什麼他們會順利？」我問，「為什麼從一年級到三年級之間，人們開始具有不同的

『跟隨通過』線圖案？」我現在對這位女士的知識非常有興趣。

「因為在這幾年中，積木和玩具開始消失，命令和整齊進入了課程表中。具有長長的『跟隨通過』線的人會很適應命令和整齊。到了三年級，所有剩餘的『實施者』才能都被趕出了教室。」

「命令和整齊？」我說，「命令和整齊與教育有什麼關係？」

凱西又笑了笑說，「我可以通過你的『跟隨通過』結構判斷，服從命令和保持整齊不是你的強項。」

「是的，它們不是。但是那會影響我在學校的表現嗎？」我問。

「噢，一定的，」凱西說，「我敢打賭你在一年級時就沒有學前班和幼稚園時開心。」

「是的，」我說，「一年級時，我開始打架，而在幼稚園裡，我更喜歡玩玩具或在熱鬧的體育館裡玩。可是上了一年級時，因為打架，老師開始叫我『問題兒童』。」

「這就是他們拿走玩具和積木後的結果。」她答道，「沒有玩具的男孩經常會打其他男孩子。」

「我要說在我待過的學校裡的確是這麼回事。」我說，「但是為什麼具有很強的『跟隨通過』線的人這一時期會過得很好呢？」

「因為在這一發展階段要求整齊和服從命令，現在你是坐在整齊排列的課桌前，而不是坐在地板上或圍著桌子坐成一圈。老師不鼓勵你隨手塗鴉，而是開始強調整齊的書法和字體。

他們希望你能一行一行地寫，而不是在整張紙上隨意地寫。老師們通常會喜歡穿得乾乾淨淨的女孩子和聽話、不打鬧的男孩子。我想你絕不是那種穿得乾乾淨淨去見老師的男孩，是嗎？」凱西狡黠地問。

「是的，我不是。我認為在上學校的路上，正好能穿過那條街真是件好事，因為我會因掉進街道中泥坑裡而被送回家。我常能找到滑入或掉進泥坑裡的辦法。」

「你那時就開始感到學校有什麼不同嗎？」凱西問。

「在一年級時還沒有，但到三年級時，我記得就開始注意到一些不同了，」我答道，「我注意到有些孩子成了老師的寵兒。在我三年級的班裡，有一個女孩和一個男孩最後成了高中時的領袖人物。他們最後結了婚，每個人都知道他們從三年級起就是學校裡的明星。他們長得好看、聰明、衣著整潔，受歡迎並且是好學生。」

「聽上去學校就像是為他們特別打造的。他們的結果怎麼樣？」凱西問，「他們發現了他們想要的成功了嗎？」

「我並不知道，我猜想他們成功了。他們從沒離開過我們長大的城市。他們在社區中深受尊重，並像以前一樣受歡迎。所以我想他們找到了成功。」

「對他們來說，的確是很如意。似乎他們已透過他們的生活、婚姻而擁有了成為他們自己的自由。」凱西說。

「三年級以後會發生什麼事？」我問，「是神奇的九歲嗎？」

「從四年級起，有長長的『事實發現者』（**Fact Finder**）線的人開始適用這一體制。從四年級到十二年級的教育體制適合事實發現者。一些孩子自覺把目標對準了姓名、地點和日期。事實發現者的方法受到了獎勵，課堂很適合這些孩子。」凱西說。

凱西繼續解釋說，從九歲起，學生被一系列的「搜索錯誤」行動所衡量。你參加拼寫考試，記憶大量的圖表，數已讀過的書目，並透過回憶裡面的事實證明你已讀過它們。

我告訴了她魯道夫・斯坦納關於九歲的變化理論以及會有多少老師知道一個孩子是否能在學校體制中取得成功。我說：「到九歲時，我就知道我不會成為這個體制中的耀眼明星。他們永遠地拿走了我的玩具。」

凱西笑了。「是的，一個像你一樣有著『實施者』需要的人會懷念玩具。擁有『事實發現』天才的人會簡化而不是死記複雜的事實和數位，而你卻會很糊塗。所以你的『快速開始』會發揮作用並試圖尋找所有獨特的方式以避免你被認為是學校裡的傻瓜。」

「老師不管這些，」我說，「所以許多孩子在他們學校生涯裡過早地被打上了聰明、笨或麻煩製造者的標記。」

凱西悲傷地點了點頭，「大多數學校教師具有較強的『事實發現者』和／或『跟隨通過』的天分。他們傾向於稱與自己天分類似的人為『聰明』。當然，智力與這無關。教育家們對於天分的價值常視而不見。他們的才能適合於學校環境，所以他們堅持它。這個教育體制是他們天然的家，他們喜歡它。」

「所以教育體制仍繼續關注一種學習方式，並繼續去發現為什麼孩子不學習的細微差異。這就是為什麼我們鑑定出如此多的不同的學習障礙的原因。」凱西總結道。

「這是很不明智的，」我說道，「我們並沒有學習障礙，我們只有把你教成具有學習障礙的人的古老的學校體制。我恨那兒！」我恨恨地說。

「但你喜歡學習，對嗎？」凱西問。

「我喜歡學習，我參加研討班、讀書、不停地聽磁帶。當我發現新的、令人興奮的學習內容時，我真的會很興奮。我很高興學習你一直在研究的東西，」我說，「但由於某些原因，我恨學校。但是如果我恨學校的話，你又怎麼能說我愛學習呢？」

凱西指了指我的「科爾比」結果，問道：「你看這個了嗎？」

在標著「可能的職業路徑」的標題下面，列著如下內容：

kolbe.com

home

科爾比 A 指數結果

**Kolbe A™ Index Results**

resultsHome
< previous
resultsCareerPaths
next >
completeResults

羅勃特・清崎
For: Robert kiyosaki

Mo: 2 2 9 6

意動力（對每種行為模式的影響因素）：
**Conative Strengths (Impact Factors for each Action Mode):**
簡化（FF） 適應（FT） 即興（QS） 革新（IM）
**Simplify (FF), Adapt (FT), Improvise (QS), Renovate (IM)**

可能的職業路徑
**Possible Career Paths**

你自己為自己創造機會，這些機會中包含了你沒有計劃或沒有表達出來你要達到的某一特定目標。因為你的成就感來自於克服障礙和對難題的解決，所以你需要將自己置於激發你創造力的環境中——不管你做什麼，都不要禁錮自己的智力和體力。

「先鋒者」與其說是一個職業名稱，倒不如說是一種工作模式，它是關於你如何解決問題，以及發揮你的才能去完成任何任務的更廣範定義。如果你被允許用自然的優勢，你將會成功。下面並不是你必然的職業途徑，但它們是科爾比公司研究發現，能充分運用「先鋒者」天分的部分職業項目提示：

| | |
|---|---|
| 演員 | 典範樹立者 |
| 獨創藝術的手工藝者 | 財產的發展者 |
| 環境保護者 | 心理醫生 |
| 物理學家 | 發明家 |
| 餐廳老闆 | 新產品的開發者 |
| 雜技藝人 | ＡＶ特殊效果製作 |
| 野外生活探索者 | 電視製片人 |
| 體育愛好者 | 廣告展示者 |
| 因材施教的教育家 | 教師——身體力行者 |

凱西指著「因材施教的教育家」說道：「我碰到的進入這種職業路徑的人，通常都是很積極的學習者，只不過他們的才能在傳統的教育體系中被埋沒了。」

「的確如此。」我答道，「我定期參加研討班，我參加研討班而不去定期上大學，是因為我不需要完成課程後得到的學位和證書。我只想要獲得資訊。」

「你會考慮多少種可能的職業途徑？」凱西問。

我看了一會兒這個表後說道，「除了心理醫生和餐廳老闆之外，我都喜歡。」

「為什麼？」凱西問。

「我在這些領域已有太多的經歷。在越南我見了太多的鮮血和傷口，而富爸爸擁有餐廳。我能很容易地成為堅定的環境保護者，並已擁有因材施教的教育公司快十年了。我喜歡教學。迄今，我仍在樹立典範，增加財產並發明東西和申請專利。事實上，我熱愛新產品的開發，我真的喜歡廣告題材和製作電視廣告。所以我說你的表內已列滿了我感興趣的事或已做過的事情。」

我靜靜地坐了一會兒，整理了一下我和凱西所涉及的內容。我很興奮因為我愛學習，我很高興地發現了我不適合學校的原因。我又看了看「科爾比」指數結果，並問道：「所以那些在三年級以後，或九歲以後在學校學習很好的孩子，是那些在『事實發現者』和『跟隨通過』方面很強的人？」

「是的，」凱西說，「這就是你為什麼會在學校裡遇到麻煩，因為他們拿走了積木和玩

home

科爾比 A 指數結果

# Kolbe A™ Index Results

kolbe.com



羅勃特．清崎
For: Robert kiyosaki

Mo: 2 2 9 6

意動力（對每種行為模式的影響因素）:
**Conative Strengths (Impact Factors for each Action Mode):**

簡化（FF）　適應（FT）即興（QS）　革新（IM）
**Simplify (FF), Adapt (FT), Improvise (QS), Renovate (IM)**

## 科爾比 A 指數圖
## Kolbe A Index Chart

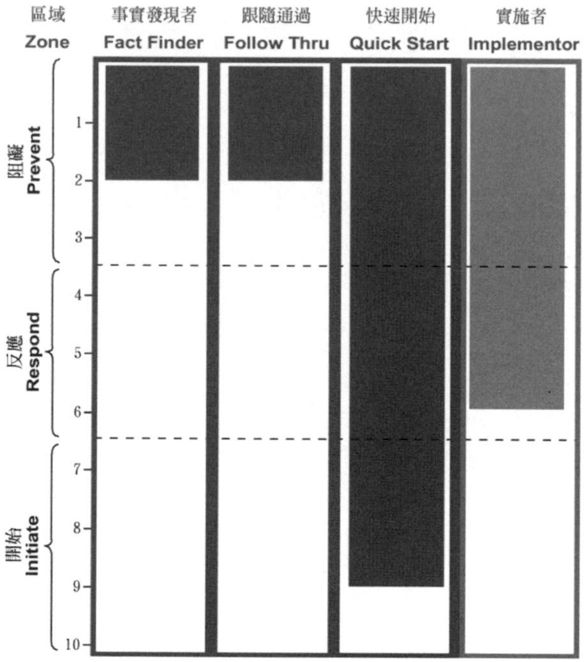

具，你不再能透過玩來學習。你可能身在教室，心卻早就飛了，飛到了窗外。」

「是的，」我說，「我煩透了，我受夠了參加考試並如何通過考試這類事。我簡直是迫不及待地想畢業，以便能趕快進入現實世界。」

「這就是『快速開始』在你身上的體現，」凱西說，「因為你的精力用在了快速開始和實施上面，你總會發現快速建立有形事物的竅門。例如你的遊戲、你的書和你的生意。這是為什麼你會生產尼龍錢包，正如你所告訴我的，以及建立許多引導你成功的專案的原因。你是一位天生具有先鋒者精神的企業家。」

「你為什麼說先鋒者精神？」我問。

「這是你的指數結果告訴我的。你的『實施者』體現了實事求是的傳遞才能，你的『快速開始』在冒險時會興奮起來。你不是傳統意義上的發展企業和產品的天然企業家，你的動力是首先進入新領域。」

「所以這就是為什麼我會很困難地解釋我所做的事，因為在時間上我常會超前很多年。」

我又加了一句，「我在創造市場上還不存在的產品。」

「是的，」凱西又指著圖表來說，「『快速開始』的著眼點是未來，『事實發現者』的著眼點是過去；『實施者』關注現在；而『跟隨通過』結合了過去、現在和未來。你總是著眼於未來，在現在建立著為未來服務的企業和產品，你總是超越時間的界限。」

## 科爾比行為模式比較

「這就是我總與事實發現者爭論的原因。」我說，「事實發現者想要事實和數位，但我給不了他們這些東西，因為未來還沒來到。」

凱西點了點頭笑著說：「是的，我認為凡有你這種行為模式的人一定會和有事實發現者和／或跟隨通過結構的人發生牴觸。如我所說，你在學校可能會有麻煩，乃因為大多數老師堅持那些『事實發現者』的解釋和『跟隨通過』原則，而二者都是你天然排斥的。」

「你知道，這對我愈來愈有意義。我真的很尊重我的大多數老師，但我也知道與他們志向不同，」我說，「我現在還知道我們甚至彼此道不合。」

**適用於進入各種行為模式的人關鍵概念**

| 概念<br>時間段 | 事實發現者（FF） | 跟隨通過（FT） | 快速開始（QS） | 實施者（IM） |
|---|---|---|---|---|
| | 過去 | 過去、現在和未來的結合 | 未來 | 現在 |
| 時間使用 | 測定某事通過體驗和專門技能會需要多長時間；把事件放在歷史的角度衡量 | 把事情按順序排好並使其具有連續性制定進度表；按步就班盡力充滿節奏感並與他人合拍 | 事先預見和提前處理事情。通過預見可能發生的事關注未來，預見變化 | 維持現狀，希望此刻能永久。創造耐用的高質量產品 |
| 交流方式 | 用書面語言 | 圖表 | 講話 | 道具、模型和示範 |
| 儲存信息 | 依其重要性 | 依字母順序 | 依顏色 | 依質量 |
| 學習需要 | 按課程讀書並了解過去是怎麼做的 | 學習公式的理念 | 對發散性思維觀念行式驗並創新 | 用模型和樣板工作 |
| 目標實現 | ◎通過技能<br>◎制定複雜計畫<br>◎選項比較 | ◎制度結合<br>◎展開最壞劇情<br>◎保證一定質量 | ◎緊急感覺和最短期限<br>◎可視目標<br>◎尋求違背或然性的解決方法 | ◎需要有長遠價值的堅實，明確的目標<br>◎使用最高質量的材料與技術 |

凱西笑了起來，「最近在我的班上我聽到一個笑話。問題是，你稱到處都是『事實發現者』的機構為什麼？答案是『大學』。」

我呵呵地笑了起來並又加上一句，「那麼你如何稱謂『快速開始者』和『實施者』雲集的地方？答案應該是『幼稚園』。」

凱西笑著說，「或者是一家網路公司。」

我又發出一陣大笑，「這就是為什麼有那麼多的網路公司會倒閉的原因，」我說道，「大多數的網路公司由一個沒有任何基礎、事實、利潤或現實世界經驗的『快速開始者』領導，他們缺乏『跟隨通過』。我知道這一點，是因為當我在現實世界中首先開始事業時也是這個樣子，這也是我的第一個公司失敗的原因。我們有個好公司，但我們三個人全是『快速開始者』且都不具備『跟隨通過』。當我剛建立起公司時，它們充滿活力並迅速發展，可是很快就衰敗了。我們沒有事實、數字或『跟隨通過』。」

「這就是為什麼我決定和企業一起工作的原因，」凱西說，「既然你既年長又充滿智慧，你認為那些主導素質是『事實發現者』和『跟隨通過』的人怎麼樣？」

「我愛他們，」我說，「沒有他們，我將無法生存。」

「這也是我的觀點，」凱西說，「我們需要尊重每一個人帶到這個世界上的天分和才能，為了任何一類人都能生存，就需要劃分所有這四種模式的比例。我們不應歧視某一類人，而是要把我們的才能融合起來並補充我們的天賦。我敢打賭你討厭那種方式，即老師稱『事實發現者』孩子很聰明，而認為像你這樣的『快速開始』孩子不夠聰明。」

「討厭它？我認為它簡直羞辱和貶低了我的人格。」

「那麼你帶著怒氣會幹些什麼？」凱西問。

「我跑出去並按我的方式做任何事。我想證明我聰明，」我說，「我討厭被標上愚蠢的記號和被認為不太可能成功。我討厭老師說『羅勃特有很大潛力……但他不爭氣。要是他能約束自己並學習該多好』！」

「所以他們愈試圖約束你，你就愈下定決心要成功？」凱西問，「你將怒氣轉化為實現你終生目標的動力？」

「是的，我已做得很好，」我有點自滿地說，「我寫出了暢銷書，而那些英語課成績是A的孩子們也至今沒寫出來一本。我賺的錢比大多數取得好成績的孩子要多。」此刻，我相當神氣活現，就像NBC的孔雀開屏一樣。在壓抑了多年的怒氣和挫敗感之後，我終於出了一口氣。

「所以你將怒氣轉化為尋找個人之路的動力？你發現了成為你自己的自由了嗎？」凱西優雅地笑著問道。

「是的，」我志得意滿地說道，「我走我自己的路，我發現了我想要的生活，我的生活按我期望的方式進行。我不想找工作，我不想讓任何人告訴我我能賺多少錢，我不想被關在辦公室裡。」

「祝賀你，」凱西說，「你已實現了成功，你成功是因為你已獲得了成為你自己的自由。」

我靠回椅子，讓她的祝福融入我的內心，以驅走多年來從學校積澱的長久的挫敗感。

「我從未想過用這種方式定義成功，」我說，「我的意思是，我從未意識到我的怒氣和挫敗感竟給我帶來如此的成功。」

「很好，」凱西說，「但你知道許多人定義成功的方式與你非常不同嗎？你能理解有很多人需要去尋找職業保障並在安靜、穩定的環境中感到開心嗎？甚至僅滿足於簡易的車子和房子。」

「是的，我知道。」我答道，「我的爸爸媽媽對這一切就很滿意。他們按自己的方式取得了成功。我只知道他們的路不適合我。所以，我明白了生活真的是『不同的青蛙有不同的游姿』。」

「既然你更成熟更有見識，那麼請告訴我你很欣賞其他類型的人嗎？我是說，你欣賞你辦公室裡那些具有較強『跟隨通過』或『事實發現者』特徵的人嗎？」

「現在更甚，」我答道，「我愛這些人。沒有他們，我做不了我所做的事；沒有他們，我也不可能成功。」

凱西笑著說：「我很高興聽到這些。」她停頓了一會兒，整理了一下思路，然後小心謹慎地問道：「你認為在今天你能和你的學校老師相處愉快嗎？即使是那些傷害過你或你曾與其爭吵的老師？」

「嗯，我不知道能否做得很好。」我不加思索地答道。

「你知道這是教育體制，而不是老師在責備你所幹的事嗎？」凱西詢問道。

我點頭，「是的，我知道，所以我仍不喜歡它。我認識到老師是在盡力完成體制交待的工作。」

「所以讓我告訴你為什麼你會如此充滿怒氣，」凱西說，「我認為你生氣，是因為這個體制試圖毀掉你的天賦，並強迫你成為你不想成為的那種天才類型。」

「你是說我的天賦在『快速開始』？你這麼說是因為我好動？」

「是的，但我要講到的天賦是你在『事實發現者』一項中的天賦。」

「『事實發現者？』我驚奇地說，「『事實發現者』是我的弱項。我怎麼會在『事實發現者』方面有天賦？」

「你在每個專案後面都隱藏了一種天賦。甚至在『事實發現者』方面。」凱西說，她從小冊子中抽出了一頁紙。

**每種行為模式中的積極力量**

| 行動通到 | 行動模式 | | | |
|---|---|---|---|---|
| | 事實發現者 | 跟隨通過 | 快速開始 | 實施者 |
| 阻力 | 簡化 | 適應 | 穩定 | 想像 |
| 反應 | 精練 | 重新安排 | 改正 | 創新 |
| 開始 | 證明 | 組織 | 即興而動 | 建設 |

指著「事實發現」下面的「簡化」一詞，她說，「在『事實發現者』項目之下，這就是你的天賦。你的天賦就是抓住並簡化它們。我認為你的書能寫得如此好的原因，就是你抓住了一個複雜的題目，例如金錢的專案，並簡化了它。」

我開始有點明白了，「其實這也是富爸爸的方式，他喜歡把事情弄得簡單化。」

凱西接著又指向「事實發現者」項下的「證明」一詞，「這是你窮爸爸的天賦，並使他在學校和在學術環境中很成功，他擁有挖掘事實和數據的天賦。我敢打賭你的窮爸爸在蒐集資料、做研究、尋找特殊性和制定目標方面精力充沛。在『事實發現者』項下，他具有與你不同的天賦，這也可解釋為什麼他在學校裡很順利而你卻不行。」

「在所有這個專案中，我們都具有天賦。」我輕輕地說道，同時開始更多地瞭解了凱西的工作。

凱西點點頭。「我已定義了十二種天賦類型，我們每個人會有四種不同的天賦，每個專案下一個。」

「十二種不同的天賦……我們每人擁有四種。所以說，我們組成團隊去行動最好，因為每個人對於如何解決問題都有不同的看法。這就是你在工作中的發現嗎？」我問。

凱西又點了點頭，「你對這些圖表瞭解得愈多，你就會更多地發現你與你周圍人的不同。透過更好地瞭解彼此，我們就會尊重我們之間的不同並更加和諧地工作和生活。組成團隊進行工作能比你獨立工作更有效地解決問題，所以我喜歡透過建立一支高效率的團隊進行工作。發現差異中的樂趣——不論是在工作間還是在家庭環境中。」

「這是你的天賦或才能，」我說，「你想讓人們互相尊重彼此的天賦或才能，並一起合作。那麼你的強項是什麼呢？」

「我的『快速開始』和『跟隨通過』兩項最強。這就是為什麼我能用圖表進行解釋的原因。在我對我的體制滿意並認為它有效之前，我需要把全部的人類行為技能納入該體制中。然後我在我的小組中安排『事實發現者』，並讓他們做他們能做得最好的事。我極高地評價他們的才能，它們補充了我只會簡化的才能。像你一樣，我的這根線在底部。我又不像你，我把我的工作放入了帶演算法的軟體系統，該系統能產生格式化的圖表底線。最令人欣慰的是，我發揮了我的自然創造才能去幫助他人發現了最適合自己的職業和實現了個人滿足感。但我無法事必躬親。尤其是在競爭激烈的世界，要想擁有成功的企業，需要擁有團隊和十二種天賦。我真的不知道一個獨斷的企業領導人是怎樣成功的，他或她最多擁有四種天賦。所以，我做這個工作一方面是希望人們和企業能更有效率，另一方面也是想保護每個人在團隊中的個人尊嚴。在團隊中，每個人都很重要。」

「恭喜你，」我說，「你也發現了你人生中的成功，同時也真正地找到了成為真正的自己的自由。」

凱西笑著點了點頭，「現在讓我們更仔細地看一下你在『快速開始』項中的天賦。」

「在『快速開始項』，你的天賦出現在『即興而動』一欄中，這說明你的天性是去冒險、創造變化、主動試驗、尋找挑戰、尋求改革，反抗陳規陋習，按直覺行事。」

當我聽凱西講我的性格傾向時，覺得有點發毛，「你稱這些是我的天賦？我總是認為它們是我的愚行。」

「不要低估這種能力。一個團隊或組織需要你的天賦。當其他人還坐著不動和沒完沒了地討論、組成委員會並一事無成時，你已迅速開始行動了。所以採取行動、冒險和反抗陳規陋習是你天賦中的重要部分。」

「我希望你能告訴我的老師這一切，」我靜靜地說道，「他們並不把這看成是天才。他們把它叫成別的什麼東西。」

凱西笑了笑並繼續說道：「你的窮爸爸可能不是個倉促行事的人。他首先要瞭解事實，他顯然不會像你那麼衝動，他也不那麼雄心勃勃。他蒐集事實，他不會製造混亂也不會應對危機情況。他遵守規矩並且從不違犯它們。」

「那很像他，」我說，「所以他在學校很順利並最終成為州教育系統的領導。」

凱西點頭道：「你的天賦是一旦你有了某種思想，就像耐吉的廣告詞，『立刻去做』。你的『快速開始』和『實施者』使你一旦擁有一種觀念就能迅速把它變成產品、公司或錢，你有煉金士的手法。我敢說你能從一無所有中賺錢。當然，長長的『快速開始』線能使破布變成財富。」

我點頭，「我能這麼做，我在有了一種想法後就會立刻付諸行動。許多次我都是倉促行事，那是我的作風。我會跳進深淵裡並被淹沒，但我活過來之後，我會更聰明因為我透過實踐學到了本領。我學習的方式剛好與我們學騎自行車的方式一樣。因為我在實踐中學習，所以當人們問我我是怎樣做到我所做的事時，我無法回答。我無法回答是因為我是用身體而不是心智去學習的。這就像你試圖告訴別人怎麼騎自行車卻不讓他或她親自去騎。我發現許多需要事實、害怕冒險的人常常什麼也做不成，因為他們害怕透過親身體會來學習。他們把時間花在了學習而不是行動上。」

「一些像你爸爸的人──領導『事實發現者』的人，或許會陷入我們普遍稱為『分析痲痺症』的泥淖中，」凱西說，「你進入一座陌生的城市後，可能會瞎逛好幾天，而你的父親卻會首先買張地圖並閱讀城市旅遊手冊。你知道這有多麼不同嗎？」

「是的，我知道。窮爸爸在做任何事前總要先研究事實。我不喜歡研究，只管亂闖並陷入麻煩，然後才會做本來應該早做的研究。」

「這就是你的學習方式，也是你變得聰明的方式。你爸爸很明智地認識到了這一切。」

「正因為這個，他和我只在一起打過幾次高爾夫球，」我說，「我爸爸會測算每一個擊球點，他永遠都要計算風速和到球洞的距離，他還會測算草地的斜度和草的倒向。而我，則是走過去擊球，並在擊球後才分析我哪兒錯了。」

「你喜歡團隊運動嗎？」凱西問。

「是的，你怎麼知道？我喜歡橄欖球，在大學時我是球隊隊長。但我不喜歡我一個人要做完所有事情的運動。」

「我這麼說是因為對你而言，要取得成功必須在你的周圍有一個團隊。正是這種願望和傾向反映了你對具有不同才能的人的尊重。有時，擁有長長的『事實發現』和『快速開始』線的人總相信他們能做所有的事。他們舉止得體、熱切地投入並努力實現計劃。他們善於啟動一件事，但需要更多的理由和很長的時間接受你認為可輕易完成的事。」

「噢，這倒挺有意思。」我答道，「我的許多成功朋友都認為他們的自制力相當強。所以他們一定是有較長的『快速開始』和『事實發現』線。我則是透過組成團隊來幫助我。」

「這是你智慧中的重要組成部分。這也是為什麼你喜歡團隊運動，而不喜歡打高爾夫球的原因，」凱西繼續道，「認識到你周圍需要團隊，你會比那些試圖自我控制一切的人更容易建立較大的企業。雖然『快速開始』和『事實發現者』結合的人，傾向於接受更多的可預見的風險，而你卻傾向於孤注一擲的冒險。這就是你不想常坐在辦公室裡的原因。」

「太有意思了，」我說，「我對自己不抱希望，我喜歡有許多人幫助我做事。」

「這也許還是你在學校裡考試成績不好的原因。你需要團隊一起來想個好答案——但老師會說這是作弊。」

我大笑起來並問道：「你確信在班裡你不會落在我後面？」

kolbe.com

home

科爾比 A 指數結果

# Kolbe A™ Index Results

resultsHome
< previous
resultsChart
next >
completeResults

約翰．杜
For: John Doe

Mo: 8 2 7 4

總動力（對每種行為模式的影響因素）：
**Conative Strengths (Impact Factors for each Action Mode):**
合理（FF） 適應（FT） 即興（QS） 革新（IM）
**Justify (FF), Adapt (FT), Improvise (QS), Renovate (IM)**

## 科爾比 A 指數圖
## Kolbe A Index Chart

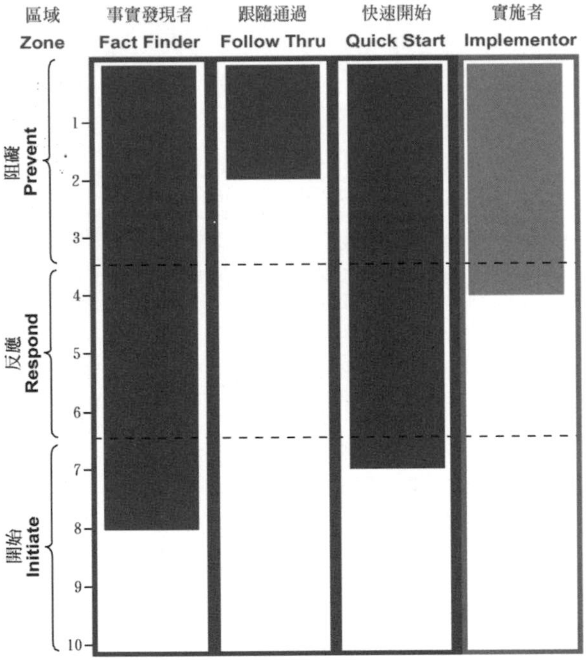

「不會的。我的班上有很多你這樣的人，在教室內你不會順利的，但在團隊運動或其他需要一個團隊共同去做的事情中，你會做得很好，你確信你不會獨自一人參加人生的考試。」

「這就是我在學校裡總和聰明孩子坐在一起，以及當我工作時需要他們在我團隊中的原因。富爸爸總說『企業就是一項團隊運動專案』，所以他會在他的周圍組成非常聰明的人的團隊以幫助他理財。」

「你們一樣聰明，只不過他們的聰明體現在『事實發現』上。當這種才能加在你的才能之上後，你就知道了大部分謎底，你幫助每個人解開了謎團。十二種天賦結合在一起會萬無不勝，」她說，「當然，它還能使合適的天賦用在適當的地方以解決特殊問題。」

「所以我爸爸為財務問題所困因為他想獨自行動，而富爸爸卻是採用團體行動方式。我的窮爸爸利用他在學校所學的獨自參加考試，富爸爸和他的隊伍一起參加財務考試，從而在現實世界中創造了一個有差異的世界。」

凱西猛力地點頭：「使天賦正確結合，你就會成功，任何人都無法勝過它們。」我們午餐的時間已結束了，我們都希望能再次見面。臨分手時，我問她：

「你有專門針對孩子的科爾比指數嗎？」

她滿臉興奮地說道：「很高興你這麼問。我們已設計了此類儀器，具有五年級以上閱讀水平的孩子均可使用。事實上，我已有了一個類似你做的A指數的青少年指數，我稱它為思考——練習。它們將幫助孩子們學會信任自己的天賦並使用天賦。」

「孩子們要是知道他們的學習能力，並發現他們的天賦在哪兒就太好了，」我說，「愈早愈好，它可避免在長年摸索中浪費時間。」

「這正是我從事這項工作的原因。」凱西邊說邊上了車並向我揮手再見。

## 凱西‧科爾比是誰？

一九八五年，凱西‧科爾比被《時代》雜誌選為美國七位「年度風雲人物」代表之一，並稱她是「新開拓者……具有豐富的想象力，大無畏的精神，旺盛的精力以及鋼鐵般的意志。」

她被授與「美國最傑出的小企業主」獎，並被白宮選為具有「勇於開拓」精神的五十位美國人之一。她在世界範圍內開研討班和講座。她的暢銷書包括《意動聯結》（Conative Connection）和《真正的天性》（Pure Instinct）。凱西深受其父親E. F. Wonderlic——Wonderlic個人測試法發明者的影響。談及她的父親，她充滿愛意，但同時也明白她所做的與她父親所做的是不同的事情。他是用他的認知儀器進行個人測試的發明者，而她從不相信這種智商測試能發現真正的天賦或自然能力。在父親的鼓勵下，她利用父親的成果並開發更新了新一代的測試方法。

假如你想更多地瞭解凱西‧科爾比和她的產品，請訪問www.richdad.com/kolbe以掌握更多的資訊。凱西的機構是個充滿樂趣的地方。我個人認為我遇到了一個在精神上與我同類的人。對教育界來說這項工作帶給了學生更多的尊嚴和尊重。她是少數認可我的觀點的人——我們每個人都具有天賦或天分，只不過有些不被教育體制認可而已。在今天的資訊時代中，她的資訊新鮮且具有啟示意義。

在我們的網站 www.richdad.com/kolbe 中，已提到了針對成年人和兒童的科爾比指數，如果你想知道自己的情況或瞭解你的孩子的情況，可以進入我們的網站。青年人指數被稱為「kolbe Y 指數」，作為孩子大概情況的一部分，它將進行如下三方面的分析：

你如何最好地完成學校作業？

你如何最好地玩耍？

你如何更好地交流？

我發現，當我明白了我的科爾比結果後，對於我直覺地認為自己是誰非常有用。它立刻告訴了我，我為什麼會被我的學校老師標上不可教或笨的記號。如果我在幼年時就得到了科爾比指數，我就可以避免或正確對待我在學校裡遇到的許多問題。我希望你能發現同樣有用的知識。

# 第十六章　成功是成為你自己的自由

當我還是個孩子時，老師常說：「你需要良好的教育，才能找到好工作。」另一方面富爸爸則畫出現金流象限。他不是告訴我去找工作，這將會把我限制在E象限——雇員象限，他提供給我象限選擇的機會。

當我在學校裡遇到麻煩時，窮爸爸教我尋找適合自己的學習方式的自由。

## 更多的選擇給你更多成功的機會

本章的要點是說在今日世界，我們擁有更多的選擇。每當我們增加一種新興產業，如航空業或電腦產業時，我們就擴大了職業和興趣選擇的機會。今天，正在長大的孩子們所面臨的問題是有太多的選擇反而使他們無所適從。但是我們擁有的選擇愈多，成功的機會就愈大。

如果父親想剝奪孩子們的選擇，那只會導致家庭混亂。作為家長，如果你說「不要這麼做」或「不要那麼做」，你的孩子就更有可能做你不讓他們做的事，或者他們也許已做過了。

還是孩子時，我的經歷是我的父母從不限制我的選擇，而是提供給我更多的選擇。這不是說當我出乾時，也不會受到約束，而是說我的兩個爸爸所做的事情之一，是提供給我更多的選擇，而不是限制我該做什麼和不該做什麼。

所以本章的希望是給家長更多的選擇以便提供給孩子，從而使孩子能最終找到他們自己的成功之路。如凱西・科爾比所說：「成功就是成為你自己的自由。」（Success is the freedom to be who you are.）

## 當你長大後，你想成為什麼人？

富爸爸不是簡單地告訴我「上學，找工作」，而是提供給我更多的選擇。下面是《富爸爸，有錢有理》一書中講到現金流的流象限：

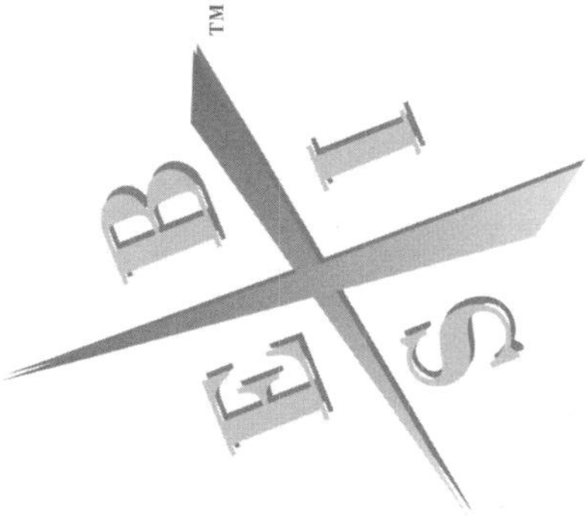

對那些尚未讀過那本書的人進行一下解釋：

E代表雇員

S代表自我雇傭者或小業主

B代表企業主

I代表投資者

被提供了這種選擇後，我發現我更能控制自己的命運和我想學的東西了。沿著這條路，我也發現稅法在不同的象限是不同的，這一事實幫助我看清要進入的未來之路。作為成年人，如我們大多數人知道的一樣，繳稅是我們一生中最大的費用。不幸的是，E和S象限要承擔更多的納稅份額。

涉及孩子，你也許想給他們提供象限的選擇而不是簡單地說，「上學去，以便你能找個工作。」

透過擁有選擇，我知道最適合我的學習課程，是導引我進入B和I象限的學習課程，我還知道那是我長大後最想成為的人。今天，無論我們是在E、S或B象限，我們都需要成為投資者，或在I象限。希望你不要再指望政府或雇用你的公司在你退休後負責你的餘生。

## 選擇或結果

我的富爸爸給我的財務啟蒙教育，是瞭解財務報表中的選擇和結果。

當你看到整張財務報表時，你會明白這種教育有多麼重要。

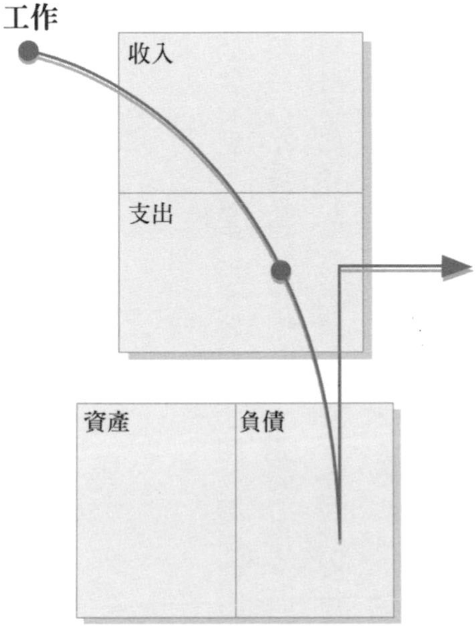


透過做財務家庭作業，邁克和我很快認識到我們每收到一美元，就會面臨一次選擇，而這一選擇可以在費用項中發現。我們也認識到每當我們賺進或花掉一美元時，都會引起漣漪效應，或者說是那種行為的結果。拿出一美元去買像汽車那樣的負債，我們知道長期的結果是我們將更窮，而不是更富。

透過做出開銷決定，或類似下圖的選擇，長期的結果將會不同。

作為小孩子，我們就看到，做出投資於資產的開銷選擇會產生長期結果。邁克和我在九歲時已知道，只有我們自己才具有控制我們財務命運的力量，而不是別的人。我們知道如果我們做出了類似第二種財務報表的財務選擇，那麼無論我們有無擁有一個好工作或受過好的教育，則都會富有。我們知道我們的財務成功並不是學業成功的結果。

托馬斯・斯坦利是《鄰家的百萬富翁》（Millionaire Next Door）的作者，他在新著《百萬富翁的思維》（The Millionaire Mind）中提到，他的研究發現財務成功與學業成功沒有關係，這二者並不相關，這一點容易理解。我們都需回顧的是我們早些時候談過的事實，即我

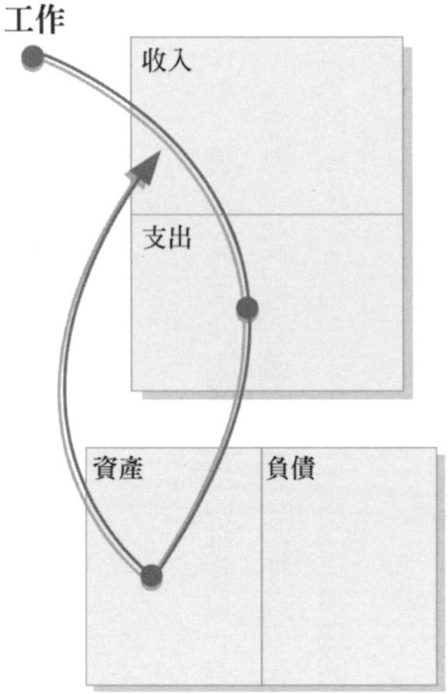

們的學校體制只專注於學業技能和職業技能的培養。學校體制遺漏了富爸爸教我的技能——財務技能。

如本書開始時所述：「在資訊時代，教育變得比以前更加重要。要為你的孩子作好進入未來的準備，充分的財務技能相當重要。」

透過給你的孩子基礎財務教育，如財務報表，你給予他們控制他們的財務命運的力量。無論他們選擇什麼職業、賺多少錢或在學校裡成績好不好，都會擁有這種力量。正如富爸爸經常提到：「金錢並不能使你富有。大多數人犯的最大的錯誤就是他們認為多賺錢就會使他們更富。在多數情況下，當人們賺到更多錢後，反而愈來愈深地陷入到債務之中。這就是金錢本身不會讓你富有的原因。」這也是為什麼他教我和邁克，我們每花一美元，就做出了一個選擇，而這個選擇會產生長期結果的原因。

## 四的力量

我們大多數人都聽過格言，「獨木難成林」或「三個臭皮匠，勝過一個諸葛亮」。我個人當然同意這些說法，但我們的教育體制卻不同意它們後面隱藏的智慧。在《富爸爸，提早享受財富》一書中，我提到了四面體的力量。

在我對這個堅實的幾何體的研究中，我發現四面體是最小的堅固結構，同時也是所有結構中最穩定的，這也是為什麼金字塔能維持那麼長久的原因，關鍵就是在數字四中發現的魔力。

當你看星相圖時，你會看到有四個主要星宮：土、氣、水、火。假如你把這四個基本星宮放入一張圖中，就會看到它類似的四面體。

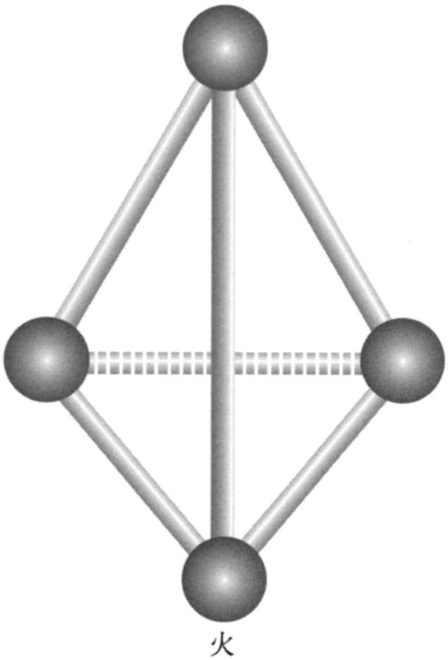

這四個基本元素組成了我們所知道的世界。

看金錢和企業的世界，我們發現了現金流象限。四在其中仍是個神奇的數字。四邊分別是雇員（E）、自雇主或小企業主（S）、大企業主（B）和投資者（I）。顯然，又形成了一個四面體。

古希臘醫師希波克拉底（西元前四六〇～三三七），常被稱為醫藥之父，他使用四種不同的性格類型來描述不同的人。他用的詞是：易怒的、樂觀的、冷漠的和憂鬱的。

在二十世紀，卡爾・榮格博士也把人分為四種類型並使用下列詞語：思考者、感覺者、直覺者和敏感者。

二十世紀五〇年代，伊莎爾・邁耶和她的母親發明了邁耶・布里格斯感測器（MBTI）。MBTI定義了十六種不同類型的人，但有趣的是，又把他們納入到四組中，D是主宰、I是影響、S是支援、C是順從。

今天，許多此類的性格類型儀器已出現，許多公司使用這些儀器，以保證它們能把合適的人放在適合他們工作的位置上。這正是我要指出「四」這個數字重要性。

凱西・科爾比的工作也有幾處有趣的地方，正是它們增加了這項研究的不同之處，從而使我們更多地發現自己並使自己獨一無二，其中之一就是為什麼有些孩子在學校很順利而有些孩子不行。當你看到這個四面體後，就會明白為什麼如此多的年輕人會在學校裡遇到麻煩。

你可很容易看出現行教育體制只是為那些「事實發現者」能力很強的人設計的。其他三組人則會在這一過程中掙扎，換句話說，世界由四種不同學習類型的人組成，可是學校體制

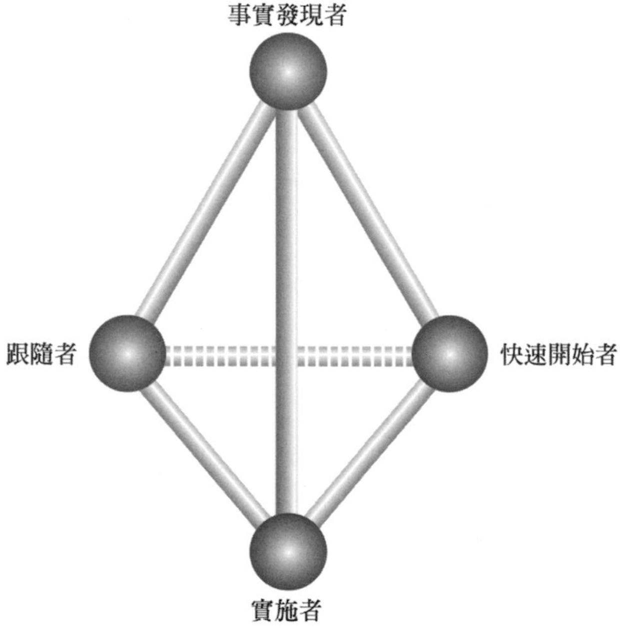

只承認一種。

## 十二的力量

我們之中的大多數人都知道一年有十二個月，黃道有十二宮。經過人類的發展，數字四和十二不斷作為具有重要意義的數字出現，當你研究堅固的幾何體時，你就會明白為什麼這種關係會重複出現。不幸的是目前的教育體制只承認一種學習方式和一種天賦。本書要告訴父母的是認識到孩子們有四種學習方式和十二種不同的天賦十分重要。換句話說，現在有更多教育孩子的方式以及發揮孩子天賦的方法供你選擇。如書中早已論述的，智力一詞意味著發現更多差異的能力，「教育」一詞與「引出」一詞的詞根一樣，都是「抽出」，而不是「填入」的意思。

當你注視小孩子的眼睛時，請時刻謹記在你孩子的身上有一些「天賦」。它也許和學校體制要求的不一樣，但你的孩子的確具有天賦。雖然它不是學校體制所認可的，但父母和老師對它的發掘卻有非常重要的意義。無論何時，你注視孩子的眼睛，都會看到他或她的天賦。孩子的天賦正在那兒提醒我們，我們的身體內也有一個精靈，正是這個精靈把生活的魔力帶入生活之中。

# 結束語　世界上最重要的工作

窮爸爸常說：「有兩種孩子。一種孩子靠循著路標取得成功，也有孩子憎恨遵循路標，並認為他們必須闖一條自己的路。在我們每個人體內都有這兩個孩子的存在。」

## 不要碰爐子

窮爸爸想讓我知道，尋找自己的路很好，只要我在探索過程中是光榮且正直的。許多次我長久地離開道路，但不管我離開道路多久，我的爸爸總是一直亮著燈，歡迎我回家。

他常常不同意我所做的事，但他讓我知道，即使他不同意，他也不會阻止我做事。他會說，「一個孩子知道熱爐子這個詞的唯一方式就是摸一個熱爐子。」

我記得有個晚上曾聽到他在家長教師聯誼會議上致詞並講述熱爐子故事。當他說話時，台下觀眾中有大約一百五十位家長，「作為成年人，我們知道熱爐子是什麼的唯一方式，就是我們都摸過熱爐子。雖然我們都被告知不要摸熱爐子，但我們卻摸過。假如你們中有人還沒摸過熱爐子的話，我建議你們很快去摸一下。在你摸了之後，你的生活才會更加真實。」

父母和老師聽完這段話後都大笑起來。一個家長舉起手並問道，「你是說我們不該約束我們的孩子？」

「不，我並沒這麼說。我是說你的孩子會通過其生活的經歷而學習。我說的是一個孩子知道熱爐子這個詞的唯一方法就是摸摸它。假如我們告訴他們不要去摸爐子，我們就太可笑了。孩子仍會去摸爐子，這是上帝給他們的學習方式，孩子們透過做、犯錯誤的方式去學習。可作為成年人，我們卻試圖透過告訴他們不要犯錯誤，懲罰他們的錯誤來教育我們的孩子。這是錯誤的。」

我只有十四歲，但我知道許多家長和老師不喜歡爸爸的話。對他們來說，避免犯錯誤是一種生活方式。另一個家長舉起手說到：「所以你想說犯錯誤是自然的。犯錯誤是我們學習的方式。」

「這正是我說的。」我爸爸說。

「但學校體制懲罰出錯的孩子。」同一位家長說，他依舊站著。

「這就是我今晚在這兒的原因。」爸爸說，「我在這兒是因為作為老師，我們已遠離了改正錯誤的方式，我們太集中於尋找和懲罰犯錯的孩子。我擔心我們愈是懲罰錯誤，而不是教孩子們改正錯誤並從中學習，我們更容易丟失教育的本意。我們不是去懲罰犯錯誤的孩子，而是要鼓勵他們更多地犯錯誤。他們所犯的錯誤和從中學到的愈多，他們就會愈聰明。」

「但你們這些老師懲罰和傷害那些犯太多錯誤的孩子。」家長說。

「是的，這是我們體制的缺陷。我也是這個體制的一部分，所以今晚我在這兒。」

爸爸繼續解釋道：「一個孩子天生的好奇心會驅使這個孩子去學習。這就像好奇心會殺掉一隻貓一樣，太多的好奇心對一個孩子有害。這晚，我爸爸說父母和教師的工作是在不傷害孩子天生的好奇心的前提下幫助他改正錯誤。」

然後這個家長又問：「你如何在不傷害孩子好奇心的前提下改正他們的錯誤？」

爸爸答道：「我也沒有答案。我相信這是一門需要具體提問和分析的藝術，所以不可能只有一個答案。」他繼續道，「我在這兒只想提醒家長們，我們都是透過摸熱爐子而知道熱爐子是怎麼回事的。雖然我們被要求不要摸它，我們還是摸了。我們摸它是因為我們好奇並想學習新東西。我在這裡特別指出孩子的好奇心和學習的欲望，所有的孩子天生擁有好奇心，我們的工作就是在保護好奇心的同時盡力保護孩子。保護好奇心非常重要因為這是我們學習的方式。傷害好奇心就會傷害孩子的未來。」

又一位家長舉起手說：「我是單身母親。現在我的孩子不服我的管教。他很晚回家且拒絕聽我的話，他正向壞孩子堆裡跑，我該怎麼做？我該鼓勵他的好奇心還是等著他進監獄？」

父親問道：「你的孩子多大了？」

「剛滿十六歲。」單身母親說。

父親搖了搖頭，「我已說過我沒有答案。涉及到正在成長的孩子，我沒有『放諸四海皆準』的答案。也許警察那兒有你兒子尋找的答案。為了你兒子的命運，我希望不要這樣。」

爸爸接著講了他關於兩種類型孩子的故事。一種孩子循著筆直而狹窄的小路走著，而另一種孩子則需要開創他或她自己的路。爸爸繼續說道，所有的父母能做的就是讓燈一直亮著並希望孩子能回到正路上來。他還提醒父母，他們中許多人也遠離了這條路。他說我們每個人的體內都有一個想發現他或她自己的道路的願望。他進一步解釋道，「我們都相信有一條正確的路和一條錯誤的路，但有時，自己的路就是最好的路。」他在結束時說道，「有時我們的路並不是孩子們的路。」

這個年輕母親並不滿意這個答案，她又站起來問道，「但假如他在黑暗中流浪且永遠不回來，該怎麼辦？那時我能做些什麼？」

爸爸停頓了一下，並用眼睛告訴她，他理解她內心的擔憂，然後靜靜地說道：「讓燈一直亮著。」他收起講稿並走下臺階。在即將踱出仍然一片寂靜的房間時，我的父親轉過身來並說道：「父母和老師的工作是讓燈一直亮著。這是世界上最重要的工作。」

你不能教一個人任何東西，而只能幫助他發現他自己內在的東西。

——伽利略

# 附錄A 怎樣給孩子零用錢：古老的爭論

莎朗・萊希特（會計師、母親）

該不該給孩子零用錢是一個一直在談論的問題。父母該怎樣做？目前似乎並沒有一個明確的答案。

許多家長在「零用錢」問題上感到困惑，他們忘記教給孩子們怎樣處理手中的錢。無論這筆錢是來自零用錢，還是由於完成某項特殊任務而獲得的報酬，孩子都需要學會負起財務責任。

無論孩子有沒有收到過零用錢，他們長大後都要面對財務問題，都要尋找能夠支援他們日後成功的財務解決方案。而從小教會孩子對金錢負責任，將會為他們日後很好地處理個人財務問題打下良好的基礎。

如我們十四章中所講述的，富爸爸教羅勃特認識現金流象限的右側，正是要向羅勃特強調財務責任的問題。成功的企業家和投資者，已能夠很好地履行財務職責，並在他們不斷的成功中證明了這一點。

## 零用錢

所謂「零用錢」就是定期給個人或家庭的費用數額。零用錢的定義適用於許多地方，怎樣向孩子們解釋零用錢的含義是極為重要的。孩子們是把否零用錢看成是「理所當然」，還是會把零用錢視作完成一項協商好的任務，或履行了一項職責後得到的一筆津貼？在「理所當然」這個思想日益成為成人世界中的問題時，我們相信父母不應培養孩子們認為，每周他們都理所當然地應該得到一定數額的零用錢的思想。請比較以下兩種情況的不同之處：

「約翰，現在你已經十二歲了，應該給你一些零用錢了。以後每周五我都會給你十美元的零用錢，你願意怎麼花就怎麼花。」

「約翰，每天晚上你做作業、參加體育運動，我們都認為你很努力，我們願意鼓勵你參加這些活動。你如此積極地參加各項活動，以後每星期你都會收到十美元的零用錢。」

## 為特定任務支付報酬

關於是給零用錢還是支付特定工作的報酬的爭論有許多方面。我們不想支配父母的思想，而是希望提供給父母一種適合他們為人父母之道的選擇。給零用錢會發展「理所當然」的思想，而「支付特定的工作的報酬」也會從負面產生影響，使孩子們形成一種雇員意識。「你做這個，我會付你十美元。」雖然透過完成特殊的工作或任務賺到報酬是一個重要的爭論點，但它仍是教育孩子承擔全面財務責任的組成部分。

## 當所有的方法都失敗時，就求助於賄賂

孩子們需要認識到他們應為家庭和社會做出的貢獻，同時不應期望金錢上的補償。家長們為使孩子們承擔他們本應承擔且不該接受報酬的任務，往往會求助於「賄賂」。我是根據個人的知識做出這一判斷的。

當你發現自己要求助於「賄賂」時，就應像聽到起床鈴一樣清醒過來，當你試圖「賄賂」孩子時，你正在把控制權交給他們，你在把你作為父母擁有的力量交到你孩子的手中。許多家長掩飾其「賄賂」形式並稱其為「獎勵」制度。

## 父母的策略

我們無意支配父母們的思想，我們有一些方法可以幫助父母們制定適合各自家庭的零用錢制度。可以對孩子採取四階段計劃。最重要的是，我們建議您能與孩子公開、持久地交流對此問題的看法。

階段1：個人責任——確定你的孩子為了他們自己的健康和發展，而應承擔的一定責任和義務。（例如，早晚刷牙應被列入個人責任範圍內，一些家長還把疊床或收拾碗筷列入其中。）個人責任不應得到任何的財務報酬。

階段2：家庭或社會責任——確定應為家庭和社會環境承擔的義務，而且並不收取財務報酬。

這些行為有助於孩子生存環境的美化。（例如，佈置晚飯桌子、為弟妹們講故事、幫年老的婦女拿東西等，都是家庭或社會責任的例子）家庭和社會責任也沒有財務報酬。

階段3：父母根據自己的意願確立一個準則，以確定是否給孩子零用錢，以及哪些特定的任務或責任可以獲得報酬。

應盡量防止在孩子身上出現「理所當然」的態度。讓孩子參與上述準則的制定。你或許想讓孩子為他們的零用錢向你收賬，那麼就讓他們對所承擔的任務更加負責（每周洗一次車對父母來說，是可以不屬於階段2的事情，並可考慮據此每星期給一次零用錢）。一些孩子忙於體育鍛鍊和學校作業，於是父母就給他們一些零花錢以承認他們的努力。這裡的問題是應公開地與你的孩子討論你期望孩子所能承擔的責任。

階段4：啟發孩子的企業家精神——鼓勵孩子思考掙錢的方式。讓他們提出任務或分享其他孩子賺錢的故事，以開啟他們的心智並抓住他們自己的機會。鼓勵他們承擔特定的「任務」並建立一套每項任務完成後的支付制度，讓他們在工作結束後向你收取費用。

這是富爸爸所謂的你的工作，應該和你的企業交流的哲學。對每項任務支付的數額由孩子的「工作」決定。孩子用他們自己的錢做的事是他們自己的「業務」。孩子認識到為他人工作和為自己工作的之間差異愈早，他們財務成功的機會就愈大。要向他們解釋你在白天（朝八晚五）所做的事是你的職業或工作，而你用錢（你的工資）所做的事是你自己的事業。

## 財務責任

許多父母在「零用錢」問題上走得很遠，他們忘記教給孩子在收到錢後去做些什麼。無論這些錢是來自零用錢、禮物或特定任務的工資，孩子們都需要學習承擔財務責任。孩子只有在接受了財務教育之後，才會理解財務責任的意義。而且，為與「理所當然」的思想抗爭，我們還要教育孩子們瞭解遲來的報酬和信用卡債務。

## 財務教育

要教給孩子們有關資產與負債的概念；瞭解工資、被動收入和證券投資組合收入的不同，以及被動收入與組合收入的重要性；認識什麼是額外支出。可用《富爸爸，窮爸爸》以及本書中的簡單圖表來教孩子。只有用這類財務教育來從小教導你的孩子，才會為他們的將來負起正確的財務責任打好基礎。

## 遲來的報酬

財務責任涵蓋了財務知識和對「遲來的報酬」的理解，《富爸爸，窮爸爸》一書對「遲來的報酬」有較多的討論。對孩子來說，建立一個儲蓄計劃的好處之一，是教會他們認識「遲來的報酬」這一概念的力量。透過和孩子一道制定財務目標，並幫助他們制定實現目標的財務計劃，你已向他們灌輸了財富成功的配方。當他們實現這些目標時，在這一過程中建立的自尊更是無價。

在今天這個報酬即付的世界裡，我們正剝奪著孩子們來自於目標實現後獲得的強烈的成功感覺。為什麼會這樣呢？因為我們總是給他們現存的東西，而不是讓他們靠自己的能力去爭取。

例如，你的孩子想要一輛新自行車。用《富爸爸，窮爸爸》一書中介紹的哲學方法，窮爸爸會說「我付不起」，而富爸爸則說「我怎樣才能付得起」。要教你的孩子說「我怎樣才能」，而不是「我不能」。

幫助他們建立一個怎樣才能賺錢買自行車的計劃，鼓勵孩子去想實現這個目標的計劃。評估他們的進步並根據需要調整目標。讓你的孩子用完成計劃時所獲得的最後獎勵買自行車。承認孩子的努力和最後取得的成功。

## 債務和信用卡

今天，信用卡已成為即付報酬的工具。不幸的是，當賬單來到時，最後的結果卻是遲來的災難。應對的策略是類似上述買自行車的故事的財務目標制定和遲來報酬。

不論我們怎麼看待信用卡，它們都已在我們今天的社會中泛濫。孩子們透過電視、收音機或觀察，每天都會得到信用卡鋪天蓋地的「只需記賬便可」的資訊。父母們應讓孩子們看到信用卡的整個畫面，讓他們瞭解信用卡的另一面，讓他們看著你們付賬單，並向他們解釋信用卡的利息對資產負債表的影響。讓他們看到每張信用卡上的債務極限。

也要給他們講使用信用卡的好處，信用卡可以很好地幫助你逐項記錄你是如何花錢的，許多人很聰明地使用信用卡，每月都結清賬目以便銀行無法收取利息。

許多家長自己就有信用卡債務問題，並擔心一旦讓孩子知道太多他們的財務狀況，就會增加孩子們的恐懼。「現實生活」中信用卡債務問題遠超過孩子們對它的理解。我發明了一種給孩子玩的「現金流」遊戲，以便幫助家長教給孩子一些基本的財務知識。這個遊戲典型化地處理了做出「支付現金或記帳」決策的過程。你的孩子會從中瞭解到信用卡的兩面性（即付的報酬和賬單來臨時遲來的災難），他們會在樂趣中玩金錢遊戲。這樣，當他們長大成人後，他們可能就會更好地面對或化解信用卡帶來的危機。

## 臨時工作

一旦孩子長大，對他們來說，學會肩負一項工作的責任非常重要。如果學習和體育活動的時間已得到了保證，可以允許孩子從事某些臨時性工作。當他們拿到第一份工資時，向他們說明白在他們得到工資之前，政府已抽走了他們的所得稅份額。

我還在上高中時，父母要求我儲蓄或投資我從臨時工作中賺到的百分之五十工資。立即存百分之五十的工資成了一種習慣，我被允許按我喜歡的方式花剩餘的百分之五十。這是我在很小的時候就被灌輸的「首先支付自己」的概念。到大學畢業時，作為學生我從儲蓄臨時工作收入的百分之五十中，就已累積了兩萬美元來用於投資資產。

作為父母，當孩子開始打工時，我也用同樣的原則要求他們。他們看到了自己行為中的「首先支付自己」的概念，並意識到了它帶來的長期利益。不幸的是，我的大兒子在大學時背負了信用卡債務。在我和他父親不知道的情況下，他已在不知不覺中深陷於信用卡債務之中。

我認為教育孩子最好的方式是透過實例。我丈夫和我有幾張經常使用的信用卡，有幾張還可以累計飛行里程。可是我們把信用卡看作是記賬工具它可以記錄我們所有的開銷剩餘款項。

我們按月付清所有金額，以便我們永遠都不支付信用卡利息。而我們的兒子卻受每月低支付的誘惑，使用了即付報酬，卻在達到信用卡限額時陷入了遲來的災難。他花了四年的時間去清償他的錯誤帶給他的債務，但在這一過程中，他也學到了非常有價值的一課。而且，他按月付清信用卡；今天，他已學會首先支付自己；今天，他承擔起了財務責任。

## 財務成功

總之，給不給孩子零用錢這個問題的決定權在你自己。但要問問你自己制定了哪些與零用錢有關而且可以教育孩子的策略。你是否正在培養孩子具備：

- 理所當然的心理？
- 雇員的心理？
- 企業家的心理？

財務責任與企業家精神結合後，將會形成一種強大的力量。幫助你的孩子提高這兩方面的能力，然後你就可以坐下來看他們實現一個又一個的財務成功。

## 羅勃特的評論

我同意莎朗所談的內容並想增加一個細微的差別，以進一步闡述這堂課。我的窮爸爸專注於他賺了多少錢，他總是說：「接受良好教育，以便你能找到高薪工作。」

富爸爸並不在意他賺多少錢，而是專注於他能留住多少錢，這就是為什麼他說：「你能留住多少錢比你能賺多少錢更重要。」他還說：「只關心賺多少錢的人，總是要為關心留住多少錢的人工作。」

至於零用錢問題，我認為更重要的是教你的孩子專注於留住錢而不是賺錢。富爸爸說他在資產項中的每一個美元就像他的一個雇員：每一塊錢都在為他努力工作。一旦一美元進入了資產項，那它永遠都不會離開資產項了。假如他賣掉資產，他會繼續再買另一個資產。他買的資產現在已傳到了下一代手中。

透過在你孩子身上傳授和發展這一哲學，你會幫助他們找到財務獨立之路。

# 附錄B 實戰演練：父母與孩子們一起做的金錢練習

莎朗・萊希特（會計師、母親）

以下練習將有助於你教孩子瞭解金錢。當我們教孩子某種知識或技能時，如果能夠恰當地利用身邊發生的一些現實生活經驗，就可以自然而然地向他們展開課程實踐應用的一面；而在實踐應用中得到的知識和技能，往往使孩子們的印象更加深刻。

例如我們有一個課程叫做「銀行實戰演練」。在完成財務實戰演練之後，你的孩子每次經過銀行都會記起所學過的課程，這種方法常被稱作「經驗學習法」。它是教育孩子們金錢問題的有力工具。

對你來說，實戰演練只是用作教孩子基礎財務概念的一種方法，方法本身並沒有正確或錯誤的答案。

有一些簡單的練習或觀察，會幫助你和你的孩子一起創造關於某個特殊財務問題的對話環境，並有利於拓寬孩子對我們生活的財務世界的認識。

同時，這些課程也將是你與你的孩子們共享天倫之樂的好機會。

## 餐桌上的財務實戰演練

### A. 支付每月的賬單

當你支付每月的賬單時，讓你的孩子和你坐在一起，讓他們看每張賬單並解釋給他們。這會使他們會對生活有一個很好的瞭解。你不需要向孩子透露全部的財務情況，但要讓他們對基本情況有所認識。

1.首先支付自己：從首先支付自己開始，即使只是幾美元而已。在一次又一次地看到你首先支付自己之後，你的孩子就會在他或她開始收到錢後按照你的方式去做。

2.支付家庭費用：向孩子解釋公用事業費賬單並讓孩子親眼看到這些賬單。這會讓你的孩子更清楚你的錢是怎麼花的。一旦知道了你要支付電費、水費、空調費、垃圾清理費和其他家庭開支，孩子們就會思考為了要滿足自己的生活方式，需要做多少工作。（你還會發現這個練習的額外收益——我們聽一些家長說在這次課後，他們的孩子開始注意隨手關燈並縮短了洗澡的時間。）

3.支付你的抵押貸款：用非常簡單的語句向孩子解釋抵押貸款，告訴他們銀行是怎樣透過貸給你們大部分的錢來幫助你們買房子的。你們要在一段時間後把錢還給銀行，為了完成這件事，你們要向銀行支付一定的費用或利息，直到你把全額貸款還清為止。讓你的孩子看到你的抵押貸款，以及每次支付中包括的利息支付和你的房子所欠款項。

4.支付信用卡賬單：向你的孩子解釋信用卡賬單。如果你有大額的信用卡債務的話，這可能會是一次困難的練習。但不管怎樣，對你的孩子來說，懂得信用卡的正負兩方面是非常重要的。

以下是一些簡單的定義：

信用卡——銀行或其他金融機構及商店向你發放貸款卡，以便你能夠購買商品或服務，你可以立刻得到商品和服務，由銀行和商店先替你支付商品和服務款項。

賬單——每個月你都會收到一份你所花錢款的賬單（別人為你代付了多少錢），以及你必須支付上述款項的到期日，以避免被收取利息和滯納金。

信用卡利息——如果賬單上的到期金額在到期日之前沒有支付，銀行或商店將對未清餘額收取利息，而且利息率遠高於其他形式借款的利率。

最低到期付款額——許多銀行和商店允許你支付一個「最低付款額」，而不是全部到期額。並向未償清的債務收取利息，事實上，他們並不鼓勵你立刻還清你的全部銀行卡賬單，他們在竭盡全力向你貸款，以便你無法支付時，可以向你收取更多的利息。

重點：這是信用卡的一個特點，並已造成了今天很多人面臨的鉅額債務。這一切是怎樣發生的呢？

• 某個月你短缺現金，所以你就只支付信用卡的最低到期付款額。隨著你不斷地記入新賬，卡上的未付餘額在不斷地增大。

• 支付最低款項是如此容易以致於你一個月又一個月地使用它，同時你也不斷地支付費用。

• 因為你支付了最低付款額，你的信用評級很好，於是其他公司也會送你一些新的信用卡。很快你的錢夾裡有了五種不同的信用卡（根據Cardweb的調查，美國大多數家庭有五到六種銀行信用卡）。

• 你不斷地支付五張卡上的最低付款額，因此保證了較好的信用等級，但現在你在所有卡中都有了不斷增大的未結清餘額。

• 有一天，你發現你正在按最低付款額支付出一大筆錢，但你每個月的未結清總額仍在不斷增大。

• 當你發現你甚至無法按月支付最低付款額時，你的信用等級下降了。

• 隨後你發現你已花到了信用卡貸款的最大限額。因為你的信用等級不再良好，所以你得不到任何新卡，而你仍要支付你現在卡上已到期的最低付款額。

遺憾的是，今天許多人發現他們已陷入險惡的循環中。雖然這聽起來有些令人沮喪而且不是你想讓你的孩子承受的東西，但在早年就開始明白這個問題是非常好的。你該如何向你的孩子解釋這個複雜的問題呢？我們發明了「現金流」（兒童版）遊戲，並在遊戲中包括了這個問題。孩子們會從中學到他們有一個選擇——付現金還是記賬，不同的選擇導致不同的結果。

最初他們會選擇記賬，因為這是他們在家中常聽到的方法，而記賬的結果是增加了他們每個結賬日要支付的費用。於是他們會很快意識到一次性支付現金要比無限地增加費用好。在《富爸爸，提早享受財富》一書中，我們談到了如何擺脫債務，提供給你在五到十年內還清債務的一些方法。

5.鼓勵孩子的好奇心：鼓勵孩子提問題，並且誠實地回答。如果孩子問了你無法回答的問題，找個能回答問題的人並和你的孩子一起學習。

6.記錄：在賬單支付之後，讓你的孩子幫你填寫賬單。好的記錄習慣是另一種學習方式。

## B. 制定一周餐費預算

既然你的孩子對支付賬單已有了一個較好的瞭解，就該給他們介紹預算的概念了。不必急於向孩子介紹高深的財務知識，只需從小處開始。首先，你讓孩子準備一周的功能表，要求是在一定的預算範圍內提供全家一周的食物。孩子既要讓家裡人對食物滿意，又要符合財務預算要求。

讓孩子制定菜譜並購買食物非常重要。你可以幫助他準備，因為做飯不是該課程的組成部分。

1. **制定預算**：考慮一下全家每周在食物上應花多少錢，為方便起見，你只需考慮早餐和晚餐。出於練習的目的，你可用兩百美元支付四口之家七天的早晚餐。

2. **讓孩子用圖表計劃膳食**：每一餐都要讓孩子按功能表準備，你可以到食品店幫他們瞭解每種商品的成本。

3. **讓孩子準備購物單**：在完成一周功能表的制定後，讓孩子準備一張購物清單以便他們能知道該買哪些食物。

4. **讓孩子到商店購買食物**：在食品店裡，讓孩子挑選要購買的商品，你可以建議他們帶上計算器，以便計算總共花費的金額，控制預算是非常重要的。

5. **讓孩子在圖表上記錄每餐所花的錢**：購物時，你也許想讓孩子在圖表上記下所花金額，但他們需要回家後按收據記賬，因為食物成本中還應含有稅。

6. **準備膳食**：主要讓孩子親手做，你只需幫助他們準備。

7. **分析結果**：首先，檢查全家是否對他們的膳食滿意，這是練習中非常重要的部分，因為無論你做什麼事，別人的意見將伴隨著你一生。

其次，讓孩子比較每餐的預算額與實際額的差異，因為每一餐都會有節餘或超支，最後再看看一周的總結餘或超支情況。

8. **回顧全過程**：這是練習中最重要的部分。讓孩子與你一同分享這一體驗，他們學到了什麼？聽聽他們的觀點。你會發現作為父母，你對孩子的欣賞又有所增加。

9. **應用此過程**：現在你需要和孩子們一起討論所有費用的預算。如果你不想透露特別的財務情況，那麼可以制定一個樣本預算。在預算中需要討論的有：家庭中會有哪些收入流入，有多少費用需要支付。如果他們已完成了「支付賬單」的練習，你的孩子會更清楚計劃需要列入哪些專案。

就像他們必須在預算範圍內計劃膳食一樣，你必須學會在預算範圍內計劃生活。

收入：

工資

出租財產的租金收入

利息或紅利

其他收入

減：

投資（計劃一定的投資額，這是「首先支付自己」的專案。）

減（費用）：

稅金

抵押貸款或租金

食物

衣服

保險
汽油
公用事業費
娛樂
信用卡或其他債務利息

## 投資和費用之後的餘額

現在，計算你的投資與收入的比例和收入與費用的比例，你還有其他提高你的投資（留作資產）與收入比例，以及降低收入費用的比例的方法嗎？

假如你增加資產並因此增加了收入，就會有更多的錢為你工作。你的工資只代表你在為錢工作。

10. **跟進**：又一周過去了，再和你的孩子來討論這次練習，他們還記得這次練習嗎？他們願意重複這樣的練習嗎？他們知道投資、買進資產或首先支付自己對他們的長期影響嗎？

## 銀行實戰演練

第一項練習：帶孩子到銀行去，指給他們看出納和客戶助理的位置。如果銀行不太忙，請出納和客戶助理解釋他們所做的工作。

讓你的孩子問一下銀行的存款利率是多少，包括儲蓄賬戶、存款單和銀行提供的其他銀行工具，讓孩子對此進行記錄。

然後讓孩子問一下銀行的汽車貸款、住房貸款或消費信用貸款的利率為多少。如果銀行發行自己的信用卡，讓孩子問一下信用卡未結清餘額的利息率。

然後離開銀行，到安靜的地方完成下列表格：

| 銀行支付給你的利息 | | 你付給銀行的利息 | |
|---|---|---|---|
| 儲蓄賬戶 | ____% | 汽車貸款 | ____% |
| 貨幣市場賬戶 | ____% | 消費貸款 | ____% |
| 大額存款單 | ____% | 信用卡 | ____% |
| ____ | ____% | 抵押貸款 | ____% |
| ____ | ____% | ____ | ____% |

讓孩子檢查這張表並問如下問題：

1.哪一列的利率高一些？

2.完成下面的句子：

銀行按銀行儲蓄賬戶的（儲蓄利率）支付利息，當我需要買車去銀行貸款時，我要付給銀行所貸款項的（汽車貸款利息）。我所支付的（汽車貸款利息）多於我收到的（儲蓄利息）。

3.和你的孩子一起重溫第十章〈為什麼儲蓄者總是損失者〉，向他們解釋存些錢在儲蓄賬戶中是明智的，這是我們學習好的財務習慣的開始。事實上，我們建議人們在儲蓄賬戶中放入可開支三到十二個月的現金以防萬一，而不建議你從儲蓄賬戶中隨便提錢，但我們也說過儲蓄財產不是好的投資工具。

4.概括起來，問孩子：「假如遇到下列情況，你是會賺錢還是會賠錢？」

你在儲蓄賬戶中有一萬美元，利率為百分之四，

那麼你每年得到的利息是多少？

（一〇、〇〇〇×4％）＝（A）

**並且：**

你有一萬美元的消費貸款，第一年你以9％的利率支付利息，你應支付多少利息？

（一〇、〇〇〇×9％）＝（B）

**現在：**

一年之後，你是賺錢了還是賠錢了？

（A）－（B）＝（C）

十年後，你掙到或賠了多少錢？

（C）×10（年）＝（D）

**答案：**

A＝四百美元；銀行對你的儲蓄支付四百美元利息。

B＝九百美元；你付給銀行九百美元的貸款利息。

C＝五百美元；你將損失五百美元。

D＝五千美元。十年後，你會損失五千美元，你在儲蓄賬戶中仍有一萬美元，且仍有一萬美元的消費貸款。但十年中，你支付的利息比你得到的多五千美元。

## 進階練習

複習上述練習，讓我們再加入所得稅的影響，因為政府向你徵收所得稅，並且不允許你扣減應付的利息。

從你在上列（C）中計算的淨額開始；記住，它可能是個負數：

（C）＝？

從（A）中得到的利息

（A）＝？

用5％的所得稅率相乘（稅率會根據你的總收入情況有所不同）

（A）×5％＝（E）

現在從（C）中減去（E），然後決定你稅後的盈利或損失，

（C）－（E）＝（F）

十年後，你的盈利或損失是多少？

（F）×10年＝（G）

**答案：**

E＝兩百美元；你將為你從銀行收到的利息支付兩百元的所得稅，假設稅率為百分之五十。

F＝七百美元，繳納所得稅後，你會損失七百美元／年。

G＝七千美元。十年後，你會損失七千美元，在儲蓄賬戶中你仍有一萬美元的存款，同時還有一萬美元的消費貸款。但在十年中，你付的利息和稅金，比你儲蓄賬戶中的利息要多七千美元。

**複習：**

再溫習一遍上述的例子，你會發現那並不是一個明智的投資計劃。不幸的是，許多人正在按該計劃行事而且沒有意識到這一切。有些辦法可以改變這一投資計劃。

容易：用你的一萬美元儲蓄，償還一萬美元的消費貸款。用這種方法，你不會失掉任何錢，也不會賺到任何利息，不會付任何利息。

中等難度：尋找資產，並用儲蓄賬戶中的一萬美元去購買它，從而可以產生足夠的現金

流以支付消費貸款，但你需要找到每年能產生九百美元以上的現金流投資。另一種方法是看你的現金收益率是否大於百分之九（九百／一萬）。瞭解現金收益率對任何投資者都很必要。

這是用你的資產償還你的負債——消費貸款的辦法。所得稅的影響並未包含在這個案例中，因為所得稅率根據你所買資產的不同而不同。

複雜：按至少百分之九現金收益率購買資產，然後決定如何把一萬美元消費貸款轉為商業貸款，這可使支付在貸款上的九百美元利息免徵收入稅。這個辦法在《富爸爸，有錢有理》一書中有詳細的介紹。

請記住，這個練習的目的在於，說明儲蓄和借款以及儲蓄和投資之間的不同。你還可以增加一些額外的部分，以提高整個訓練的複雜程度。另外需要注意的是：當你開始課程時，請從最初級的例子開始，由淺入深，只要孩子感興趣並能夠真正理解那些初級的概念，你就獲得了成功並可以進一步練習下去。

## 到食品雜貨店進行實戰演練

孩子們學習的最好方法是親身體驗，在他們很小的時候，你就要開始幫助他們認識有關金錢的事情。

這個練習應先於預算練習之前開展，並通過大量的複習來完成，以便你的孩子在計劃全家一周的膳食及到商店購物時可以利用。

當你到食品雜貨店購買食物時，你會不停地做出有關質量和價格比較的決定，你不要只是在自己心裡做這件事，而要告訴並幫助孩子理解這個程式。我經常看見人們在商店裡透過在孩子面前晃動玩具，或給他們玩電子遊戲以使他們保持安靜，但我建議不要嫌孩子們問這問那的不耐煩，要讓他們加入這一過程，告訴他們商店為他們提供了每種商品的價格比較，並讓他們在比較之後告訴你，哪種菜豆罐頭的價格最合適。

同樣重要的是，你還要解釋為什麼盡管一種罐頭要便宜一些，但你仍選擇購買較貴的那種。告訴孩子首先是豆子的質量決定了罐頭的價格。你可以買回這兩種罐頭，以便你能在家中比較並告訴孩子它們的不同。

讓你的孩子們付款點錢並計算找零。價值和交換的概念對孩子的學習來說是非常重要的。

## 到汽車和電器行進行實戰演練

如果你準備買汽車或大件家用電器，請帶上孩子同去。

與你的孩子討論是支付現金還是貸款購買，如果你要貸款購買，你應該明確地告訴孩子，從現在起，在你們的月度預算中，又要加入新的支出專案了。透過參與整個貸款過程，你的孩子會在幼年時學習到借款知識以及良好信用的重要性，讓貸款人員給你的孩子解釋什麼是良好信用以及它的重要性。

通常貸款職員會很高興和潛在顧客分享這一知識的，甚至還會告訴他們不好的信用等級，以及擁有星級信用的顧客，在服務上將會享受到的不同待遇。

透過這個過程，你的孩子將會開始認識到個人財務報表和信用等級，就是一個人在現實生活中的成績單。

這只是一個很簡單的體驗課程。但是它反映了生活中的真實狀況，能夠拓寬孩子的思維，並使他們意識到有關信用和借款的事情。

## 到股票經紀人公司進行實戰演練

看過銀行之後，請帶孩子去股票經紀公司，讓股票經紀人對你的孩子解釋他們的工作（你可以提前安排這次拜訪，以便你能找到一名熱心的經紀人），假如你的孩子已經十幾歲了，你可以給他在公司裡開設一個帳戶，並協助他完成填表工作。在你和股票經紀人參與下，教會並允許你的孩子選擇他自己想要的投資專案。

讓經紀人解釋不同的投資類型，以及它們在回報率上的差異，大多數成年人也並不清楚公司股票或共同基金有經營上的不同。你的孩子透過掌握這些基礎性的投資工具知識，將會一書擁有一個超越常人的聰慧的財務頭腦。

除非你的孩子已經抓住了股票經紀人講述的每一個概念，否則談論市盈率和其他的基本面與技術面分析就顯得有些過早。對於這些題目的進一步討論，可以在《富爸爸，有錢有理》

中看到。

有一些家長給孩子開設了在線交易的賬戶，是否開設在線交易賬戶由你自己決定，但我認為在孩子們早期的財務教育過程中，讓股票經紀人與孩子面對面交流會更好一些，你的孩子可以透過這種交流同股票經紀人建立起某種關係，並能更加輕鬆地提出他們還不懂的問題。教你的孩子如何閱讀當地報紙的財經版。假如你也不熟悉財經版內容，不妨讓股票經紀人同時為你們兩個上課。

要從小處著手，不要讓你的孩子投入太大數額的錢。這個過程僅用於教育你的孩子瞭解金錢世界和金錢的力量，用太多的錢只會讓金錢的力量控制孩子，給他們帶來不好的影響。

從小處做起並透過動手來學習會有非常好的效果，因為涉及到金錢，小錯誤總是比大錯誤容易改正。

## 到麥當勞進行實戰演練

把你的孩子帶到麥當勞並不會太難。但這次，要花足夠的時間來計劃並實施下列練習。在你開車去麥當勞的路上，請給孩子講述如下要點：

- 一些人擁有麥當勞下面的土地，他們因為讓麥當勞建在他們的土地上而收取租金，土地的主人甚至不需要在當地，他們就可以按月從人們購買漢堡包的錢中收取租金。

- 同樣的人可能擁有不同的建築物並同樣收取租金。
- 一些專業公司為麥當勞建造金色拱門。你能想像一個工廠專門為麥當勞提供金色拱門嗎？也許只有麥當勞知道如何讓所有的拱門塗成同一種顏色並且看起 來一模一樣。點完食物後，一邊吃一邊讓孩子注意觀察下面這些場景：
- 看到櫃檯後面的職員了嗎？她是麥當勞的雇員並按工作的小時數領取報酬。經過培訓之後只要她站在了她該站的地方並做了她應做的工作，她就會收到工資。當她領取工資時，她只能按照她進行體力工作的時間得到報酬。
- 然後問：「你還看到其他雇員了嗎？」
- 最後總結：「要有許多雇員一起工作，才能使麥當勞運轉良好，並為顧客提供優質的服務。」

環顧餐廳，讓孩子觀察：

- 看到他們使用的杯子和包漢堡的包裝紙了嗎？這些東西由其他公司生產，並打上了麥當勞的標記。這些公司必須保證杯子和包裝紙看起來和麥當勞要求的一模一樣，否則將得不到付款。某人，當然也是雇員，可能就在麥當勞所在的公司辦公室裡負責訂貨，並確保每個麥當勞在用完他們目前的庫存時及時補足貨源。
- 然後問：「你看到麥當勞裡有哪些東西需要其他公司生產嗎？」
- 然後總結：「不同的公司在不同的專業生產領域，為麥當勞提供商品，並從而確保麥當勞能夠有效運轉。」

- 看到那個在汽水機旁邊忙著修理機器的人嗎？還有安裝電燈或者洗窗戶的人。他可能是個自由職業者或者擁有自己的小公司，這家麥當勞的經理雇用他做一些特殊的工作，像修機器、擦窗戶等工作。對麥當勞的經理來說，雇用一個具有這些專業技能的全日制雇員的價格太昂貴了。因為只有在機器壞了或窗戶髒了諸如此類的事情發生時，才需要他們的幫助，所以經理只在需要的時候臨時雇用他們。
- 然後問：你看到麥當勞有哪些工作可以雇傭其他專業公司來完成，而不是雇用雇員來完成？
- 然後總結：「各種專業公司提供了許多不同類型的服務以保證這個餐廳的正常運轉，對小公司和擁有特殊技能的自由職業者來說，為麥當勞工作能幫助他們維持自己公司的運轉。」
- 你注意到每個麥當勞都很相似嗎？食物總是一樣的，雇員不同，但說的話一樣，每家的蕃茄醬都一樣。這都是因為麥當勞建立起了自己的系統，每個加盟連鎖店都必須嚴格遵守政策和程式，如果它希望繼續成為麥當勞的一員的話。這些政策和程式形成了每個成員必須服從的「系統規則」。系統規定操作的全部規程。
- 然後問：「你還注意到哪些系統？」
- 然後總結：「這個麥當勞店和全世界其他所有的麥當勞店，使麥當勞成為一個成功的特許經營企業。擁有這樣的系統或者幫助創立這樣的系統是不是很棒？」

- 你注意到了嗎？我沒提到過麥當勞的主人也在店裡？其實他雇用了一位經理，經理負責餐館的日常運行，雇用和解聘雇員，確保有效供應，保證顧客滿意，並使一切進行順利。經理與業主接觸只是向他彙報餐館的運轉情況，也許是每周一通電話或者每月一次例會（在業主辦公室或家裡舉行），業主接聽電話或參加會議就能知道麥當勞又為他（她）賺了多少錢。

  麥當勞是業主擁有的資產，他（她）擁有了使餐館工作的系統，事實上，現在業主可能正在上高爾夫球課或打高爾夫球呢。

- 然後問：「你認為業主在麥當勞店的事務上能花多少時間？」
- 然後總結：「業主讓他（她）的資產為他（她）工作，而不是為錢工作！因為這個資產為業主帶來了現金流，業主就可以自由地把時間花在建立更多的資產或上高爾夫球課。」

## 到公寓進行實戰演練

找一棟你家附近的公寓，或者你的孩子經常在路上看到的公寓。在公寓前停下，並進行以下觀察：

- 這是一棟公寓，住在樓裡的人叫做房客，他們支付的東西叫房租。房租使他們能住在其中一套公寓裡，但他們並不擁有這套公寓，他們付錢租借公寓使用。他們的租金還允許他們使用如游泳池、庭院和洗衣房等公共設施。

- 然後問：「在這個大樓裡，一共有多少單元？」
- 然後總結：「為了能夠使用公寓，所有的房客都向公寓的房屋所有人支付租金。」
- 公寓的所有人擁有所有的房間，通常房屋所有人也借錢，這叫抵押貸款，通過這種方式，他們買入建築物並按月向銀行支付利息和一定金額的本金。」
- 然後問：「假設有十個房間，每個房客月租金為一千美元，那麼，公寓的房屋所有人就從他們所租的的房間中賺進一萬美金了。」
- 最後總結：「如果房屋所有人收到的租金多於他每個月付給銀行的分期付款金額，他將有正向的現金流。」
- 「為使公寓保持好的外形，有一些費用，如庭院清掃、游泳池的保養或大樓粉刷費需要業主支付。」
- 然後問：「你認為所屋所有人該支付哪些費用？」
- 最後總結：「所以所屋所有人要每月收租金，以保證公寓的收入多於擁有大樓，並維護保養它的費用。」
- 在多數情況下，公寓的所屋所有人並不住在大樓裡的某一間公寓中。所以所屋所有人需要一個收費和收房租的系統，這個系統還會告訴所屋所有人房產的狀況。」

- 然後問：「你認為所屋所有人需要擁有哪幾種系統以保證公寓的成功運轉？（例如，房客通過所屋所有人解決有關公寓的問題，並支付與公寓有關的租金和賬單。）」
- 然後總結：「這種情況類似麥當勞，它也需要系統使其高效和成功運轉。公寓管理的複雜程度不亞於一個企業。」
- 「你可能看不見公寓的所屋所有人，因為他或她並不住在這裡，可能有一位房屋仲介業經理替他（她）處理有關房租，維修保養、房管爭端等所有事務。有時房屋仲介業經理靠這個房產生活，但不是所有的時候。」
- 然後問：「如果所屋所有人從不出現，且由房屋仲介業經理支配所有事務，這是不是有點像麥當勞的所有人？」
- 最後總結：「這是公寓的主人擁有資產的例子，他們擁有一個系統，這個系統由房屋仲介業經理來管理。房屋仲介業經理確保公寓有效運轉，並定期向業主彙報贏利情況，所屋所有人是在讓資產為他（她）工作，而不是在為錢工作。」

總之，在這次參觀之後，你的孩子會從全新的角度審視公寓。而且，如果你選擇的公寓靠近你們家，每次你的孩子經過時，他（她）都會記起這項公寓業務。

你也可以向孩子解釋，有許多把供出租的單身房和辦公室大樓作為投資的人，均適用這種分析。

用公寓為例是因為對孩子們來說，它即簡單又熟悉，要學習的重要概念是「金錢的力量」，你要讓你的錢為你工作而不是你去為錢工作。

# Brief Review

頁數：272　　價格：250

1.大多數投資者會說：「不要冒險。」而富有的投資者卻恰恰在尋找那些被一般人認為是「冒險」的機會。

2.大多數人強調「多樣化」，而富有的投資者卻喜歡專心一意。

3.普通投資者盡力將債務減至最少，而富有的投資者卻增加對他有利的好債務。

4.普通投資者儘量削減開支，而富有的投資者卻知道如何透過增加開支使他們變得更富有。

5.普通投資者擁有工作，而富有的投資者創造工作。

6.普通投資者拚命工作，富有的投資者工作得越來越少，財富卻越來越多。

7.大家投資都是因為想變富有，但由於有些人本身不富有，所以就被禁止投資那些可以讓他們變富有的東西。只有當你是富人時，你才能投資富人投資的東西，所以富人就變成越來越富。

8. 如果你希望像富人一樣投資，你不但要變得富有，還需要成為一個智謀型的投資者，而不是僅僅作一個投資的富人而已。

9. 錢來自我們的思想，來自我們的頭腦。如果有人說「賺錢真難」，那麼錢也許真的就會很難賺。如果他說「哦，我永遠也富不了」，或是「要富太難了」，那麼他的這些話有可能就會變成現實。

10. 富人不為錢而工作，他們知道怎樣讓錢為他們工作。這就是成為投資者的基礎，所有的投資者都要學習怎樣讓錢為他們工作。

11. 我曾富過也窮過，快樂過也傷心過；但我向你保證，當我既窮又不快樂的時候，感到比富有但不開心時還不快樂。「錢不能讓你快樂」。儘管它有些道理，但我總感覺當我有錢時，會比較開心。

12. 一般只有兩種金錢問題，一種是錢太少；另一種是錢太多。你想碰到哪種問題呢？

13. 有些人透過繼承遺產、中彩票或去拉斯維加斯賭博而一下子暴富，而後又突然一貧如洗，這是因為他們從心理上認為只存在一個金錢匱乏的世界。

14. 當一個人說「我負擔不起」的時候，這個人只看到了硬幣的一面。當你說「我怎樣才能付得起」的時候，你就已經開始看到硬幣的另一面了。

15. 如果你錢多時沒有計劃，那麼你就會失去所有的錢，並且回到你的原來計劃中去，回到沒有錢的世界，這是90%的人都熟悉的世界。

16. 辭彙形成思維，思維形成現實，現實成為生活。富人和窮人之間的最主要差別就是他們日常使用的辭彙不同。

17. 賺錢不是一定需要高等教育、好工作或是本錢。你只要知道你的目標是什麼，然後制訂一個計劃並堅持到底就足夠了。

18. 保險是一張安全網，在任何人的人生計劃中，保險都佔有舉足輕重的地位。保險最大的麻煩是，當你需要它時，已永遠都買不到它了。

19. 不管你為自己工作，還是為其他人工作，如果你想富有的話，就好好關注你自己的事業。

20. 如果有十項投資的話，只要三項運作良好，這三項就能成為財富的主要來源。五項可能是形同虛設，另外兩項就成為災難。然而，從這兩項失敗的投資中學到的東西，遠遠多於另外三項成功的投資……實際上，這兩項失敗投資帶來的經驗教訓，足以使下一次的投資中穩操勝券。

21. 很多人過著儉樸的生活、節衣縮食，他們認為這樣才叫有經濟頭腦。其實，這叫財務節制。隨著年齡的增長，這種困境就會在他們臉上和對生活的態度上表現出來。

22. 你能夠透過節儉來變富，你也可以透過吝嗇來變富，但這要花很長的時間，就像你從洛杉磯到紐約坐汽車可以省錢一樣，然而，真正的價值是要用時間來衡量的。

23. 大多數人想變得富有，但他們不願意先投資在時間上。

24. 在西方國家，如果他能簡單地遵循一個長期計劃的話，幾乎每個人都很容易成為百萬富翁，但還是有很多人不願去投資時間，他們只想一夜暴富。

25. 大多數人工作太忙了，根本沒有時間去思考他們究竟在忙些什麼。他們成為了金錢的奴隸，整日為金錢所累，錢控制著他們的生活，他們勤儉節約，過著量入為出的生活。他們寧願這樣做，也不願去投資一點時間，制訂一個計劃，讓錢為他們工作。

26. 開車有風險，不過，真正危險的是開車時手離方向盤。投資時，許多人都不懂得控制，就像開車時不握住方向盤一樣。

27. 寄希望於努力工作和儲蓄的人沒有真正的致富的機會，因為你的工作收入和儲蓄都將被徵稅。

28. 投資不是賽跑，你並不是在與他人競爭，競爭者的財務生活永遠是大起大落，所以你不要一心想著拿第一。在賺錢方面，你只需努力做一個好的投資者就足夠了。

29. 收入有三種類型：工資收入、有價證券收入、從不動產中得到的被動收入，富爸爸很有錢，會享受生活，這是因為他擁有三種源源不斷的收入。

30. 富人式的投資是按計劃進行的，是安全穩妥、舒適寬裕的。

31. 投資本身並不冒險，只是由於有了那些缺乏足夠的投資技巧的投資者，才導致了投資的高風險。

32. 如果某個人向你解釋一個投資專案，只要他說明的時間超過兩分鐘，那麼不管你最後聽懂了還是沒聽懂，不管他講明白了還是沒講明白，或者你們倆都沒弄清這個問題，只要出現上述情況之一，你最好放棄這項投資。

33. 用一生的時間學習投資的基本知識。投資越簡單化，學的基礎知識越多，就會越富有，同時冒的風險就會越小。

34. 對未來而言，預測一次兩次是可能的，但從沒有哪個人能對市場行情連續三次做出成功預測。如果有這種人的話，那他一定有帶魔法的水晶球。

35. 人們當不好投資者，首要原因就是缺乏對自我和感情的控制。一個真正的投資者並不在乎市場的走向，真正的投資者在股市上漲下跌時都能賺錢。

36. 要成為富有的投資者，得首先成為一個好的企業主，或者學會以企業主的方式進行思考。

37. 學校把多數人培養成了雇員或自由職業者，他們不具備企業主的素質和能力。正因為如此，非常富有的投資者才變得屈指可數。

38. 「富人不為錢工作」，那是因為富人很聰明，他們知道錢幣本身的價值在不斷縮水，很多工作最賣命、然而得到報酬最少的人總是在遭受貨幣貶值之苦。

39. 理財知識是基礎型投資的基礎。

40. 分析一個公司的情況時，不應只看當日該公司的股票價格，而應看它的財務報表。

41. 很多人想投資是為了賺錢，一旦希望成為現實，就能還債、買大一點的房子、買新車，這些都是傻瓜的投資計劃。

42. 你應該只為一個原因投資，就是得到一份資產，並用它將工資收入轉化為被動收入或證券收入。這種收入形式上的轉化正是真正的投資者追求的基本目標。

43. 財務報表就是潛水眼罩，有了它，你就能洞悉現象掩蓋下的真實狀況。財務報表就像超人的X光眼，借助它一個有理財知識的人能透過建築物的混凝土牆，直接看到它的內部結構，而不用進入到內部。

44. 即使你有了房子，也不能把它當成資產，因為它確實是一種負債。

45. 一個人絕不可能在真正意義上擁有屬於自己的不動產，因為不動產永遠都屬於政府。如果你對此有所懷疑，你不妨停止去付財產稅，不管你抵押了或沒抵押，到時候你就會看到不動產權歸誰所有了。

46. 對於投資者和商人來說，必須要密切關注現金流的微妙走向，就像一個漁夫必須要關注潮漲潮落一樣。人們之所以陷入財務困境，是因為他們對現金流向駕馭不當。

47. 「小雞還沒有孵出之前是不能算數的」，這才是理財投資的明智之舉。

48. 最冒險的投資者是那些對自己的財務報表沒有控制力的人。其中最危險的，又是那些自認為擁有資產其實卻是債務的人。

49. 你要永遠記住，你的支出就是其他人的收入。無法控制自己現金流的人，使那些能夠控制自己現金流的人變得富有。

50. 在每個所犯的錯誤背後，都隱藏著一股神奇的力量。所以，我犯的錯誤越多，我就會花越多的時間去學習，我的生活也才會有可能出現更多奇蹟。

51. 哥倫布所犯的最大錯誤，就是本想去開闢連接中國的貿易航道，但卻意外發現了美洲大陸。如今，美國已成為世界上最富有和最強大的國家。

52. 與學校書本教育的方式完全不同，生活的教育方式是：你得首先遭受挫折，然後從中汲取教訓。

53. 人們想避免在財務上出錯，這本身就是個錯誤。他們總是提醒自己「謹慎從事，不要冒險」，卻不明白自己之所以會陷入經濟困境，就是因為他們沒有從自己所犯的錯誤當中汲取到教訓。

54. 我所知道的最大的失敗，就是那些從不失敗的人。

55. 從沮喪當中，你會發現一個真實的自我。

56. 我對商業的瞭解，更多的是從我失敗的教訓中，而不是從我成功的經驗中獲得的。

57. 沒有多大作為的人往往會責備他人。他們總是希望別人有所改變，這是他們之所以長期沮喪的原因。

58. 每個人都能從自身或別人身上汲取教訓，問題是我們常常不知道自己應從別人身上汲取怎樣的教訓。

59.邱吉爾曾說：「成功，是一種從一個失敗走到另一個失敗，卻能夠始終不喪失信心的能力。」

60.合法致富是很容易的，人們為什麼還要違法犯罪去冒坐牢的危險呢？冒坐牢之險致富是一個昂貴的代價。我是為了自由才想變得富有，何必去冒失去自由的危險？

61.偶爾買張彩票還是可以的，但是把你未來的財務狀況完全押在彩票上，就是愚蠢的致富打算了。

62.牛頓定律提到，當有一個作用力的時候，必然有一個相對的反作用力存在。如果你貪得無厭，人們會以同樣的方式回敬你。

63.如果你想真正富有，就應該知道何時該節約，何時該一擲千金。而問題是，很多人只知道如何節約和吝嗇，這就好像是在用一條腿走路。

64.作一個富有的投資者，你得先有個計劃，然後堅持不懈地去實現它。

65.很多人找到一個投資計劃後，就認為它是唯一的或是最好的投資計劃。這些人直到狀況已無可救藥時才去考慮他們所採用的計劃是否是正確的計劃。

66.富人總是在創造屬於他們自己的錢。富人不為錢而工作。

67.工作是工業時代的產物，自一九八九年以來，我們已經進入到資訊時代。

68.人們不去工作是因為他們的思想在工作。這就是為什麼億萬富翁亨利•福特說「思考是世上最艱苦的工作，所以很少有人願意從事它。」

69. 如果你做了百分之九十的投資者所做的事，你就只能加入他們去分享 10% 的財富。

70. 面試一個會計時，你要問他一加一等於什麼？如果他的答案是三，不要用他，因為他不夠聰明。如果他說是二，也不要用他，因為他還是不夠聰明。但是，如果這個會計說「你想要一加一等於幾」，這時你就應該馬上錄用他。

71. 你應該在創造資產上長期努力，而不是為了錢用你的一生去辛勤工作，到頭來創造的卻是別人的資產。

72. 你的頭腦是你最有用的資產，但如果使用不當，它會是你最大的負債。

73. 真正的財富是一種思維方式，而不是存在銀行裏的錢。

74. 投資的最終物件就是一個企業，所以若想成為一個好的投資者，首先要熟知企業是如何經營的，而最佳的投資方式就是讓你的企業為你投資，以個人名義進行投資是不明智的。

75. 世界上最富有的投資者並不是在買投資，而是在創造他們自己的投資。

76. 為什麼世界上有二十多歲的億萬富翁？因為他們不是在購買投資，他們是在創造投資，這種投資就是人們都想購買的企業。

77. 大多數人都不是真正的投資者，而是旁觀者或投機者。他們購買並持有投資後不斷祈求價格上漲。他們生活在對股市的希望之中，同時又因市場崩潰的可能性而感到惶惶不安。

78. 要想富有，就要先看看每個人正在做什麼，然後做與他們完全相反的事。
79. 政府在保護大眾遠離最差的投資同時，也使大眾與最好的投資無緣。
80. 它的確保護了窮人和中產階級的利益，但也阻止了窮人和中產階級變富。
81. 智謀型投資者需具備3個E：教育、經驗、充足的現金。
82. 第一個一百萬最難賺。其實賺一百萬並沒有這麼難，難的是留住這一百萬，並讓它為你賺更多的錢。
83. 一個智謀型的投資者，必然清楚自己所做的事並始終保持清醒的頭腦，同時風險性會降低，潛在的回報也會很豐厚。這就是富人們經常進行的投資。
84. 創建企業的唯一原因，就是這樣做才能像富人那樣做投資；創建企業可以讓自己的企業為你購置資產。
85. 作為一個雇員，大多數的投資專案對他們來說都是很昂貴的，但如果讓企業為自己買下這些投資就會變得容易許多。
86. 窮爸爸建議「去上學，爭取好成績，然後找一份有各項福利、安全而穩定的工作」；富爸爸則建議「學會創立企業，學會藉由你的企業去投資。」
87. 不管在什麼情況下投資，一旦開始，自始至終都需要「自我控制」。
88. 人們通常有三個理由去投資，安全、舒適、富有。一個人的順序選擇不同，他的生活道路也就因此而不同。

89. 90／10金錢規律之所以適用的原因之一，也許就是因為90%的人把舒適和安全列在了富有之前。

90. 一個人需要的安全保障越多，在生活中的匱乏就會越多。

91. 一個人在生活中，越是競爭，就越會匱乏。

92. 一個人越想得到更豐富的物質，就越需要技能，就更需要創新精神和合作精神。有前者的人通常都有很好的財務和業務技能，有後者的人，通常都能為自己不斷地增加財富。

93. 有些人只看到富人表面上做的事，而不知道他們真正在想什麼。若真想看到事物的另一面，就必須要知道富人腦子裡真正在想什麼。

94. 一個人突然擁有很多錢而後破產，是因為他們仍然只看到事物的一面，仍沿用過去一貫的方式來處理錢，這是他們苦苦奮鬥但依然很窮的根本原因。

95. 把錢存進銀行靠利息過活是只能看到事物一面的人，而能看到另一面的人就會拿著這筆意外之財使它安全並迅速地增值。

96. 「自我控制」就是要改變個人的內在金錢觀念。我們必須時常提醒自己：這個世界充滿財富，因為從骨子裡我們經常覺得自己還是個窮人。

97. 很多人會被金錢匱乏而引起的恐慌所嚇倒，這種恐慌佔據並主宰了他們的生活，並進而影響到他們對金錢和風險的態度。

98. 焦慮只會浪費時間，焦慮會阻止我們想出解決問題的辦法。

99. 人們得到的保障越多，他們的生活就越不富裕。保障與匱乏是結伴而行的。

100. 投資是一種計劃，一種使你從現在的所在地，到達你想到達的目的地的計劃。

101. 當我登上波音747飛機時，我並不想駕駛它，我不會對它一見鍾情，我僅僅想從出發地到目的地而已。

102. 富人和窮人的不同處就在於他們經常使用的辭彙不同。所有想變得富有的人需要做的，就是增加財務辭彙。

103. 富爸爸常說：「不懂專業詞語的定義，使用錯誤定義的單詞是導致長期財務困境的真正原因，而其中，把『負債』稱作『資產』是最恐怖的。」

104. 「抵押貸款」在法語裡的意思是死亡，因而「抵押貸款」就是「直到死的一種契約」。

105. 「不動產」是西班牙語「貴族的財產」的意思，這代表我們僅僅是在技術上控制了不動產，卻不能佔有它。真正是政府佔有我們的財產並永遠在向我們徵收不動產稅。

106. 年輕時的問題，就是你不知道年老的感覺。一旦你知道了年老的感覺，你就會完全不同地計劃你的財務生活。

Brief Review

頁數：340　　價格：280

107. 投資是一個枯燥無味的計劃，是一個透過機械操作而達到富裕的過程。

108. 許多人認為，投資致富的過程很神奇，如果計劃不夠複雜，那就不算是個好方案，其實，涉及投資時，越簡單的總比越複雜的好。

109. 富爸爸說：「投資是機械化的呆板而簡單的過程。」也就是，想得越簡單，冒的風險就越小，就越是高枕無憂，賺的錢卻越多。

110. 純機械化的股票選擇方式，勝過百分之八十的股票投資行家。

111. 大部分投資者注重個人經驗而不太在意基礎事實或基本利率；偏愛複雜程式而輕視簡單程式。

112. 投資成功的必由之路是：用心關注和研究投資的遠期結果，努力找到一個或一系列有實際意義的投資方法及策略，然後在二者的指引下進行投資。

113. 擁有的資料的年代越久遠，對投資的判斷就越精確。從中可以發現在過去久遠年代中應用得最好的投資方法。

114. 富爸爸說：「你不必靠造火箭致富。賺錢不是一定需要高等教育、好工作或是本錢。你只要知道你的目標是什麼，然後制訂一個計劃並堅持到底就足夠了。」

115. 賺錢貴在有條不紊、堅持不懈。如果以金錢來衡量，有條不紊、堅持不懈的精神通常都是價值連城的。

116. ①花時間靜靜思考你的人生　問自己想從生活的饋贈中得到什麼？　在確定自己想要得到什麼之前暫時保持沉默④徵求財務顧問的意見。

117. 生活是一個殘酷無情的教師。它透過懲罰的方式來給你上課。

118. 對大多數人來說，投入的多少是用金錢來衡量的，但其實投入多少是要用時間來計算，而且在時間和金錢這兩項資產中，時間是最寶貴的。

119. 從洛杉磯到紐約一張汽車票要花一百美元，波音747班機的機票要花五百美元，同樣路程，為什麼機票要花更多的錢呢？當你認識到時間的寶貴和時間亦有價格的那一刻開始，你將變得更富有。

120. 「買時間，而不是節約時間」這個觀念對富爸爸來說是如此的重要。

121. 節儉可以致富，吝嗇也可以變富，但要花很長的時間，就像從洛杉磯到紐約坐汽車可以省錢一樣，然而，真正的價值是要用「時間」來衡量的。

122. 花五個小時和五百美元坐飛機或五天的時間和一百美元乘汽車都可以到達紐約，窮人用「金錢」衡量價值而富人用「時間」衡量價值。

123. 窮人選擇坐公共汽車和一般人喜歡花許多時間在大賣場買可以節約幾塊錢的東西，都是因為他們認為「錢」比「時間」更寶貴。

124. 富爸爸說：「我發現到一個人錢越少，他就會把錢捏得越緊，我就碰到過很多很有錢的窮人。」

125. 想進入「富有」的投資階層，就應該投資比另兩個層次更多的時間。很多人不能超越「安全」和「舒適」這兩個生活層次，就是因為他們不願投資時間。

126. 投資「安全」和「舒適」這兩個層次，應該儘量機械化或公式化，應該是不需要時常思考的。你只要把你的錢交給有良好聲譽的經紀人，而他們所要做的就是遵循你的計劃來進行操作。

127. 多數人是從外部投資，而不是從內部投資。大部分人都是憑直覺做事，如果你真想做筆交易，就需要對它的整體情況了如指掌。

128. 富爸爸說：「進行安全和舒適的投資，外部投資就可以了，這就是為什麼可以把錢交給一個內行代替你去投資，因為他比你更接近內幕。可是如果你想獲得更大的財富，你就得比那些受人之托的投資專家們更加熟悉你所投資的公司的內幕實情。」

129. 隱藏在表象後的交易，才算得上真正的遊戲。這種背後的交易只管賺錢而根本不在乎誰勝誰負或是股市漲跌。這些交易就是賣出比賽的門票甚至賣出整個球隊和比賽，而不是購買門票。

130. 堅信努力工作和儲蓄，並堅信投資有風險的人，很難看到硬幣的另一面。

131. 人們不能再依賴老闆和政府的養老金，而只能自己養活自己了。

132. 選擇最有價值的I象限，要做就應該做投資者。

133. 你要讓錢為你工作，只有這樣，當你不想工作或不能工作的時候，你才可以不去工作。

134. 要想知道所有象限的人是怎麼做的，你就得分別嘗試坐在面試與被面試的桌子兩側，這樣你才能看見硬幣的正反兩面。

135. 不管從事什麼職業，只要具備投資者的資質，那麼一直走下去，終將會越來越富有。

136. 很多富有的朋友都提到，他們很小的時候，父母就引導他們自己去投資，學做投資者。這一切都是發生在他們考慮從事何種職業之前的。

137. 與其想賺更多的錢，冒更大的險，不如努力多學習一些投資的知識。

138. 富爸爸說：「富人的目標就是讓錢為他工作，而他卻可以不工作。那麼，為什麼不一開始就瞄準這樣的目標呢？」

139. 你可以一輩子都打高爾夫球，但橄欖球只能打幾年，既然如此，為什麼不在一開始，就選擇與你相伴一生的遊戲呢？

140. 投資的第一個原則：弄清工作所得的錢是屬於哪種類型的收入：①工資收入　有價證券收入　從不動產中得到被動收入。

141. 如果想成為富人的話，就要努力獲得證券收入和被動收入。

142. 投資的第二個原則：盡可能有效地把工資收入變為證券收入或被動收入。

143. 投資的第三個原則：透過購買證券將工資收入留住，並將工資收入轉為被動收入或證券收入。

144. 資產是往你的口袋裏裝錢、增加你收入的東西；負債讓你往外掏錢，並使你的支出欄裏的數字不斷變大。

145. 投資者要自己分清哪些證券是資產，哪些證券是負債。只能把證券看作是一種投資工具，它到底是資產還是負債要由投資者的決策來決定。

146. 投資的第四個原則：投資者本身才是真正的資產或者負債。

147. 只有傻瓜才會去迷戀那些快速賺錢、過眼財富的童話，這種故事只能吸引失敗者。

148. 如果一種股票為眾人熟知並能賺很多的錢，這就意味著好事已過去了或馬上就要過去。

149. 投資的第五個原則：真正的投資者總是能未雨綢繆，非投資者卻總想猜測將來會發生什麼、什麼時間發生。

150. 不管機會什麼時候降臨，如果沒有事先儲備好知識、經驗、足夠的現金，那就只能與好機會擦肩而過了。

151. 很多人以為這個世界是貧乏的而不是富足的，他們經常為錯失良機而捶胸頓足，或死命抓住一筆生意不放，因為在他們看來，那是唯一的機會。

152. 要投資於「時間」去進行準備，如果你有所準備的話，機會和買賣就會出現在你一生中的每一天每一時刻。

153. 投資的第六個原則：有了投資知識、投資經驗，並且找到一筆好買賣，錢就會自己找上門來。

154. 人們總認為，「不動產」成功的關鍵除了「位置」還是「位置」，但就所有的投資而言，不動產也好，投資公司也好，票據資產也好，成功的秘訣只有一個，那就是除了「人」還是「人」。

155. 投資本身並不存在安全性或具有風險，而是投資者本身具有安全性或具有風險。

156. 投資基礎知識學得越好，賺的錢就越多，風險也就越小。

157. 投資的第七個原則：對風險和回報的評估能力。

158. 有風險的不是投資本身，而是投資者。

159. 許多自稱為投資者的人其實並不是真正的投資者，他們是投機商、生意人，甚至可以說是賭徒。

160. 如何才能成為一個既能賺大錢，又能少擔風險的投資者，而且還能牢牢留住賺到的錢？

161. 首先擬定你的安全和舒適的投資計劃，然後把這些計劃交給有能力的人去做，讓他們照現成的程式按部就班。然後，你就得為你變成賺錢多而風險少的投資者付出時間，學習投資。

162. 如果股市的漲跌會左右你的生活，你就不是一個投資者。如果股市的變化就會駕馭你，總有一天你就會在股海的沉浮裏迷失方向。

163. 如果你想以最小的投資風險換取最大的回報就得付出代價，包括大量的學習，例如學習商業基礎知識等。

164. 要成為富有的投資者，首先必須成為一個好的企業主，或者學會以企業主的方式進行思考。

165. 如果想變成一個富有的投資者，那麼創建一家公司可能是所有投資形式中最好的一種。富翁中約有80%的人就是透過創建公司起家的。

166. 投資者所要做的，正是把時間、投資知識、技能以及錢花在可變為資產的證券上。這就好像投資一項不動產，比如出租房屋、買賣股票，企業主則透過雇用每一個上班族，來建立企業這項資產。

167. 窮人和中產階級為了生計和金錢苦苦掙扎的主要原因，就在於他們認為金錢比資產更具有價值。

168. 古羅馬時代，人們習慣從充當買賣媒介的金銀錢幣上切下一角，貨幣的價值含量日益減小。於是古羅馬人開始把足值的金銀貨幣積存起來，而專門用那些不足值的貨幣。這就是劣幣驅逐良幣。

169. 近代政府開始發行壞錢而不再發行有價值的貨幣，人們也開始一邊收藏銀幣一邊用沒價值的貨幣買東西進行交易。

170. 如果你想成為安全的投資者、內部投資者和富有的投資者，理財知識是所有投資基礎知識中最重要的一部分。

171. 看公司或個人的財務報表，就像讀傳記或者自傳體小說，你能從中得到很多東西。

172. 想成為富翁的基本原則，包括不要為錢工作，學會發掘投資機會而不是去找一份工作，以及學會看財務報表。

173. 大多數人畢了業就去找工作，卻沒有去找機會；他們只知道為工資收入而賣力工作，卻不知道為被動收入和證券收入而努力；更多的人連記賬都不會，更別提讀寫財務報表了，所以難怪他們會認為投資是去冒險。

174. 富爸爸說：「公司也好，不動產也好，人也好，只要涉及錢，就必然有收益表和資產負債表，無論他們有沒有意識到它們的存在。不重視財務報表作用的人往往錢很少，財務問題很大。」

175. 不知道資產和負債的區別，不知道可以從被動收入和證券收入中取得收入，不知道這些收入怎麼來的以及它們怎樣體現在財務報表上的人損失極為慘重。

176.透過財務報表，就能判斷公司的基礎是好是不好，它是會蒸蒸日上還是每下愈況，它的管理系統是在有效運作還是在浪費資金。最重要是知道自己投資是安全的還是冒險的。

177.瀏覽財務報表要做好三件事：①認真閱讀每一行並考慮哪些是沒做好的　把它和個人的財務報表加以對照，看看是否合適③知道這筆投資是否安全，會不會賺錢。

178.到了四十五歲還沒有實現經濟獨立的人只能算是不及格的人生。

179.「損益表」和「資產負債表」是可稱之為「魔毯」的財務報表。

180.藉由財務報表，可以看到一般投資者看不到的東西，還能掌握控制自己的經濟狀況。

181.財務報表可以提高投資的安全係數，還可在更短的時間內賺到更多的錢，分析財務報表尤其能讓人瞄準投資機會。

182.弄清損益表和資產負債表之間的關係就是掌握理財技巧的關鍵。

183.很多人在財務上痛苦掙扎，原因就在於他們一味地把債務錯誤地列於他們的資產項下，就像很多人把他們其實是一種負債的房子看作是自己的資產。

184.普通投資者往往有將還沒有孵出的小雞也計算在內的思想。

185.當人們開出支票時，他們正在減少自己的資產；而當人們使用信用卡時，他們正在增加自己的負債。

186.至少需要兩份財務報表的原因，是這樣才能看懂整個財務狀況，因為你的每一項支出都是別人的收入，而你的每一項負債也都是別人的資產。

187. 當銀行對你說「你的房屋是資產」時，他可能沒有撒謊，只是他並沒有說明這項資產真正屬於誰，你的抵押貸款是銀行的資產卻是你的負債。

188. 明白「政府會因我們的負債而減稅，但當我們有了資產時它就會收稅」的個中道理，富人如何變富的真相就呼之欲出了。

189. 富爸爸說：「犯錯是我獲得知識和經驗的途徑。我每犯一次錯誤，都會從中學到不少東西。」

190. 富爸爸說：「在商業領域，期望自己事業成功，僅有學校的智慧是不夠的，你還必須具備街頭的智慧。」

191. 如果一個人真正從所犯的錯誤中吸取了教訓，那麼他的生活就會發生改變，而他獲得的就不再只是「經驗」，而是「智慧」了。

192. 投資的價格上漲多少並不重要，重要的是它下跌多少，會給你帶來多少損失。真正的投資者要隨時準備好付出代價，以便應付突如其來的市場變動。

193. 學著控制自己的情緒是個終身的過程，這樣的終身過程還包括承擔風險的過程、犯錯的過程和對任何人都心懷感謝的過程。

194. 致富有兩種方法，一種是多賺錢，一種是少欲望。問題是大多數人在這兩方面都不行。

195. 賺錢的最佳途徑就是參與私營公司的私人投資。

196. 節儉和吝嗇只能讓你的財富聚集而不能創造出更多的財富。

197. 凍結信用卡量入為出對某些人是個不錯的主意，但並不是我們賺錢的初衷和美好享受生活的方式。

198. 富爸爸說：「投資方式上的與眾不同，造就了一部分富人更加富有。他們在那些不是提供給窮人和中產階級的投資專案上投資，如果你獲得了同樣的知識，你就會同樣擁有大量的金錢。」

199. 《富比士雜誌》的「富有」定義是：收入一百萬美元並擁有淨資產一千萬美元。富爸爸的「富有」定義是：一百萬美元穩定的被動收入，五百萬美元不動產，而不是含糊的、過分虛飾的淨資產，外加保證20%的投資收益。

200. 成為白手起家的巨富應具備的五個條件：夢想、奉獻、動力、資訊、美元。

201. 投資不是在冒險，但是，沒有控制的投資就是冒險。

202. 特許投資者賺錢很多，也可以說是純收入很高。

203. 資深投資者瞭解基本型投資和技術型投資。

204. 智謀型投資者瞭解投資專案及相關法律。

205. 內部投資者創造投資專案。

206. 終極投資者成為股票銷售者。

207. 即使沒有錢，又缺乏經驗，仍然可以從內部投資開始。
208. 你需要從小專案做起並不斷地學習。記住，賺錢並不一定需要花錢。
209. 投資者有控制力，而其餘的人在賭博。
210. 窮人和中產階級關注工資收入，富人則關注被動收入和投資組合收入。這正是富人和薪水階級的基本區別。
211. 好的債務、好的支出、好的虧損都能為我們帶來額外的現金流。
212. 當大的股份公司宣佈解雇大量雇員時，股票價格往往會上揚。
213. 對一方來說是安全的東西，對另一方來說便是危險的。
214. 在學校裏接受的教育固然重要，但在大街上學到的東西從某種意義上講或許更加重要。
215. 世界上到處都是有偉大思想的人，但是因此而獲得了鉅額財富的人卻屈指可數。
216. 許多人寧願購買資產也不願創造資產，因為他們無法讓創業精神統治頭腦，無力將創意轉化成無窮的財富。
217. 你可能是一位成功但生活窘迫的醫生或會計師，而不可能是一位事業有成卻生活拮据的企業家。因為一般來說，成功的企業家絕對富有。
218. 傑出的企業家需具備：遠見、果敢、創意、經得起批評、永不滿足五條件。

請沿虛線剪下裝訂寄回，謝謝！

# 高寶國際有限公司 讀者回函卡

**爲提升服務品質，煩請您塡寫下列資料：**

1.您購買的書名：富爸爸，富小孩㊦

2.您的姓名：______ 您的年齡：___歲 您的性別：□男 □女

3.您的e-mail：______

4.您的地址：______

5.您的學歷：

□國中及以下 □高中 □專科學院 □大學 □研究所及以上

6.您的職業：

□製造業 □銷售業 □金融業 □資訊業 □學生 □大衆傳播

□自由業 □服務業 □軍警 □公務員 □教職 □其他

7.您從何得知本書消息：

□書店 □報紙廣告 □雜誌廣告 □廣告DM □廣播

□電視 □親友、老師推薦 □其他

8.您對本書的評價：（請塡代號1.非常滿意2.滿意3.偏低4.再改進）

書名___ 封面設計___ 版面編排___ 內容___ 文／譯筆___

價格___

9.讀完本書後您覺得：

□很有收穫 □有收穫 □收穫不多 □沒收穫

10.您會推薦本書給朋友嗎？

□會 □不會，為什麼______

11.您對編者的建議：

請沿虛線剪下裝訂寄回，謝謝！

廣告回郵
北區郵政管理局登記證
北台字12548號
免貼郵票

Rich致富

# 高寶國際有限公司

地址：台北市114內湖區新明路174巷15號10樓
電話：（02）2791-1197
網址：www.sitak.com.tw

富爸爸，富小孩 (下)

GLOBAL GROUP HOLDINGS, LTD.

高寶國際集團

品質保證